OXFORD MINIREFERENCE

FRENCH VERBS

Also in Oxford Minireference

French Grammar
10,000 French Words*
The Oxford French Minidictionary

* forthcoming

FRENCH VERBS

WILLIAM ROWLINSON

Oxford   New York

OXFORD UNIVERSITY PRESS

1991

Oxford University Press, Walton Street, Oxford OX2 6DP

Oxford New York Toronto
Delhi Bombay Calcutta Madras Karachi
Petaling Jaya Singapore Hong Kong Tokyo
Nairobi Dar es Salaam Cape Town

and associated companies in
Berlin Ibadan

Oxford is a trade mark of Oxford University Press

British Library Cataloguing in Publication Data

Rowlinson, William 1931–
French verbs.—(Oxford mini reference).
1. French language. Verbs—Lists
I. Title
445

ISBN 0-19-864173-7

Library of Congress Cataloging in Publication Data

Data available

Typeset by Pentacor PLC, High Wycombe, Bucks.
Printed in Great Britain by
Courier International Ltd.
Tiptree, Essex

ACKNOWLEDGEMENTS

The author wishes to thank Micheline Windsor, Head of French at Sheffield Polytechnic, for her careful reading of the manuscript, and the editorial staff of Oxford University Press for their unfailing support, meticulous copy-reading, sound advice, good humour, and encouragement.

CONTENTS

HOW TO USE THIS BOOK   ix

VERB FORMATION   xi
    Verb conjugations
    Reflexive verbs
    First conjugation irregularities
    Compound tenses
    Agreement of the past participle
    The passive
    English equivalents of the French tenses

VERB DIRECTORY   1

VERB PATTERNS   123

For further information on the use of the tenses, the infinitive, the participles, the imperative, the passive, and the subjunctive, see *French Grammar*, also in the *Oxford Minireference* series.

This book contains, in alphabetical order

- all French irregular verbs in use
- all French regular verbs in common use today

    some 4,200 verbs in all.

Each verb is listed with its principal meanings, the preposition, if any, that it takes with a following infinitive, and the preposition, if any, that is used with a following noun. You are told whether the verb forms its compound tenses with **avoir** or **être**, and whether it is regular or irregular. You are then given the pattern verb that it follows, and referred to one of 75 patterns, where the conjugation of all active tenses is given in full.

There is also an introductory section giving complete details of the formation of French verbs.

HOW TO USE THIS BOOK

1 Look up the verb about which you need information in the verb directory.

This lists alphabetically all irregular verbs in current use and all commonly used regular verbs. It also lists reflexive verbs separately where these differ substantially in meaning from the simple verb, or where the reflexive verb has a different prepositional construction, or where the simple verb is not in common use.

2 You will find there:

- the preposition or prepositions (if any) that the verb takes with a following infinitive
- the preposition or prepositions (if any) that it takes with a following noun or pronoun
- its commonest meaning or meanings
- the auxiliary (or auxiliaries) with which the compound tenses are formed
- whether the verb is regular or irregular
- the pattern verb on which the verb is conjugated
- the number of that verb in the pattern table

3 If the directory has not yet given you all the information you need about the verb you are looking up, turn to the pattern verb given.

4 The pattern verb shows:

- the present and perfect infinitives, the

present, past and perfect participles, and the imperative
- all the active tenses of the verb in full
- any special peculiarities of the pattern verb
- verbs similarly conjugated that have slight changes from the pattern verb

If the pattern verb to which you are referred is preceded in the directory by an asterisk, the verb you are looking up will show a slight deviation from the pattern. It will be listed at the foot of the second page of the pattern verb, and full details of its deviation from the pattern will be given there.

If you need a passive tense of the verb, turn to the pattern for passive tenses on pages xx–xxii.

VERB FORMATION

Verb conjugations

There are three patterns of regular verb in French, and about seventy patterns of irregular verb. The three regular patterns, or conjugations, have infinitives ending:

-**er** (first conjugation)
-**ir** (second conjugation)
-**re** (third conjugation)

As even a quick glance at the verb directory will reveal, by far the greatest number of regular verbs are first conjugation, following the pattern of the verb **donner**, 30. A much smaller number are second conjugation, following the pattern of the verb **finir**, 36, and a very few are third conjugation, following the pattern of **vendre**, 70.

All verbs in all tenses have six forms, according to the subject, **je**, **tu**, or **il** (these are sometimes called the first, second, and third persons of the verb), and according to whether the subject is singular (**je**, **tu**, **il**) or plural (**nous**, **vous**, **ils**).

All singular nouns and all singular subject-pronouns other than **je** and **tu** are followed by the **il** form of the verb. This includes the pronouns **elle** and **on**.

Plural nouns and pronouns (including **elles**) are

followed by the **ils** form of the verb, unless the sense demands a **nous** or **vous** form (**ma femme et moi partons maintenant**, *my wife and I are leaving now*).

Reflexive verbs

Reflexive verbs have the same object as their subject. In English the object is either one of the *-self* words (*he scratches himself*) or each other (*they dislike each other*). Verbs with the latter type of object are sometimes called reciprocal verbs in English. In French both reflexive and reciprocal verbs use the reflexive pronouns: **me**, **te**, **se**, (singular) and **nous**, **vous**, **se** (plural). These stand in the usual position for pronouns, in front of the verb:

il gratte, *he scratches*

il se gratte, *he scratches himself*

ils se grattent, *they scratch themselves, or, they scratch each other (one another)*

In cases like the last one French relies on the context to distinguish between the two possible meanings, or if necessary adds **l'un l'autre** to indicate *each other*:

ils se grattent l'un l'autre. *they scratch each other*

Reflexive verbs are listed separately in the verb directory if they have a completely different meaning from the simple verb, if the simple verb is no longer in current use, or if they have a special prepositional construction following them.

First-conjugation irregularities

Several very large groups of first—conjugation verbs have slight but predictable irregularities. They conform to one or other of the four following patterns.

- Verbs ending -e[consonant]er

First-conjugation verbs ending -e[consonant]er change the e to è before a syllable with a mute or unstressed e in it. This is in order to prevent a weak 'e' sound at the end of the stem of the verb; the verbs are otherwise regular. The pattern verb to which such verbs are referred is **acheter**, 2 (**j'achète**, etc.). As well as single consonants, the consonant combination **vr** is also found after the e in this group of verbs.

In the case of some verbs ending -**eler** and -**eter** the same sound change is produced by keeping the e without an accent and doubling the following l or t. The pattern verbs to which they are referred are **appeler**, 5 (**j'appelle**, etc.) and **jeter**, 40 (**je jette**, etc.).

- Verbs ending -é[consonant]er

First-conjugation verbs ending -é[consonant]er change the é to è before a syllable with a mute e in the same way as those ending -e[consonant]er do.

The pattern verb to which such verbs are referred is **préférer**, 52 (**je préfère**, etc.). This type of verb only makes the change before a mute **e**, not before an unstressed **e**. It therefore does not make the change in the future or conditional tenses, where it keeps its **é**: **je préférerai**, etc, **je préférerais**, etc.

As well as single consonants, the consonant combinations **br**, **ch**, **cr**, **gl**, **gn**, **gr**, and **tr** may be found after the **é** in this group of verbs. The combinations **gu** and **qu** are also found in this position.

● Verbs ending **-ayer**, **-oyer**, **-uyer**

First-conjugation verbs ending **-ayer**, **-oyer**, and **-uyer** change the **y** to **i** before a syllable containing a mute or unstressed **e**. The pattern verb to which these verbs are referred is **appuyer**, 6. In the case of **-ayer** verbs the change is optional (so, **je paie** or **je paye**, etc.)

● Verbs ending **-cer** and **-ger**

First-conjugation verbs ending **-cer** and **-ger** change the **c** to **ç** and the **g** to **ge** before the letters **a** and **o**. This is to keep the **c** as an 's' sound and the **g** as a 'j' sound, as elsewhere in the verb. The pattern verbs to which such verbs are referred are **commencer**, 13 and **manger**, 42.

● Double irregularities

Verbs ending **-ecer**, **-écer**, and **-éger** show both the **e** changes and the **c/g** changes discussed above. The pattern verbs to which such verbs are referred are **dépecer**, 27, **rapiécer**, 55 and **protéger**, 54. No verbs end -eger.

Compound tenses

Compound tenses of most French verbs are formed with **avoir** plus their past participle, in exact parallel to English compound tenses: **j'ai donné**, *I have given*; **j'avais donné**, *I had given*.

A number of French verbs, however, form their compound tenses with **être** instead of **avoir**. The auxiliary verb (or verbs) that each verb takes is given individually in the verb directory.

The following are the groups of verbs that take **être** instead of **avoir**.

- All reflexive verbs:

se battre: je me suis battu, *I have fought*
je m'étais battu, *I had fought*

- A small number of intransitive verbs, many of them expressing some form of motion:

aller, *go*	**monter**, *go up*
accourir, *run up*	**mourir**, *die*
arriver, *arrive*	**naître**, *be born*
décéder (rare), *die*	**partir**, *depart*
descendre, *go down*	**rester**, *stay*
échoir (rare) *fall due*	**retourner**, *return*
éclore (rare), *hatch*	**sortir**, *go out*
entrer, *enter*	**tomber**, *fall*
	venir, *come*

aller: je suis allé, *I have gone*
      j'étais allé, *I had gone*

Most intransitive compounds of these verbs also take **être:**

    devenir: je suis devenu, *I have become*
          j'étais devenu, *I had become*

Note that some of the above verbs can also be used transitively (with a direct object). In this case they are always conjugated with **avoir:**

    sortir = *take out:* **j'ai sorti une pièce de dix francs,** *I've taken out a ten-franc coin*

The verb directory indicates such verbs.

Some intransitive verbs conjugated with **avoir** are also found with **être:**

    passer, go past: **j'ai passé** or **je suis passé,** *I have gone past*

The verb directory indicates such verbs.

Agreement of the past participle

Past participles show gender and plurality in the same way as adjectives, by adding **e** for feminine singular, **s** for masculine plural, **es** for feminine plural. They agree as follows.

- Verbs (other than reflexives) forming their compound tenses with **être**

The past participle agrees with the subject:

aller: elle est allée, *she has gone*

● *Verbs forming their compound tenses with*
avoir

The past participle rarely changes. This is because,
with **avoir** verbs, the past participle agrees with
the direct object, but only if this precedes the
verb:

donner: les cadeaux que je t'ai donnés, *the*
presents I've given you

je te les ai donnés, *I've given them to*
you

quels cadeaux m'as-tu donnés?, *what*
presents did you give me?

Les cadeaux, les, and **quels cadeaux** are the direct
objects of the three sentences. They precede the
verb, so the past participle agrees in each case.
But

je t'ai donné des cadeaux, *I've given you*
presents

Here, the direct object, **des cadeaux,** comes after
the verb, so in this case (much the commonest
with **avoir** verbs) the past participle does not
agree.

● Reflexive verbs

These also agree with a direct object that precedes
the verb. In the case of most reflexive verbs this

is the reflexive pronoun, which is the same as the subject:

> **se lever: ils se sont déjà levés**, *they have already got up*

The past participle agrees with **se** (= *themselves*), which is the same as the subject, **ils**.

This is by far the commonest case with reflexives. However, notice the following examples, where the reflexive pronoun is a dative object, not a direct object. The past participle does not agree with it:

> **se casser: il s'est cassé la jambe**, *he has broken his leg*
>
> **quelle jambe s'est-il cassée?**, *which leg has he broken?*

In the first sentence the past participle, **cassé** does not agree, because the direct object, **la jambe**, does not precede the verb. In the second sentence the past participle agrees with the direct object, **quelle jambe**, which precedes the verb. It adds an **e**, since **jambe** is feminine singular.

The passive

The passive is formed in French exactly as in English, by using the appropriate tense of **être**, *to be*, plus the past participle:

> **il est détesté**, *he is hated*—present
>
> **il était détesté**, *he was hated*—imperfect etc.

In the passive the past participle behaves as an adjective and always agrees with the subject:

elle est détestée, *she is hated*
ils étaient détestés, *they were hated*

Overleaf you will find the complete conjugation of a verb in the passive.

PASSIVE FORMS OF THE VERB

aider, to help

present infinitive	**être aidé (e) (s)**	to be helped
perfect infinitive	**avoir été aidé (e) (s)**	to have been helped
present participle	**étant aidé (e) (s)**	being helped
past participle	**été aidé (e) (s)**	been helped
perfect participle	**ayant été aidé (e) (s)**	having been helped
imperative	**sois aidé (e)**	be helped
	soyons aidé (e)s	let's be helped
	soyez aidé (e) (s)	be helped

present
je suis aidé(e)
 I am helped
tu es aidé(e)
il/elle est aidé(e)
nous sommes aidé(e)s
vous êtes aidé(e)(s)
ils/elles sont aidé(e)s

perfect
j'ai été aidé(e)
 I have been helped
tu as été aidé(e)
il/elle a été aidé(e)
nous avons été aidé(e)s
vous avez été aidé(e)(s)
ils/elles ont été aidé(e)s

imperfect
j'étais aidé(e)
 I was helped
tu étais aidé(e)
il/elle était aidé(e)
nous étions aidé(e)s
vous étiez aidé(e)(s)
ils/elles étaient aidé(e)s

pluperfect
j'avais été aidé(e)
 I had been helped
tu avais été aidé(e)
il/elle avait été aidé(e)
nous avions été aidé(e)s
vous aviez été aidé(e)(s)
ils/elles avaient été aidé(e)s

future
je serai aidé(e)
   I shall be helped
tu seras aidé(e)
il/elle sera aidé(e)
nous serons aidé(e)s
vous serez aidé(e)(s)
ils/elles seront aidé(e)s

past historic
je fus aidé(e)
   I was helped
tu fus aidé(e)
il/elle fut aidé(e)
nous fûmes aidé(e)s
vous fûtes aidé(e)(s)
ils/elles furent aidé(e)s

conditional
je serais aidé(e)
   I should be helped
tu serais aidé(e)
il/elle serait aidé(e)
nous serions aidé(e)s
vous seriez aidé(e)(s)
ils/elles seraient aidé(e)s

present subjunctive
je sois aidé(e)
   I may be helped
tu sois aidé(e)
il/elle soit aidé(e)
nous soyons aidé(e)s
vous soyez aidé(e)(s)
ils/elles soient aidé(e)s

future perfect
j'aurai été aidé(e)
   I shall have been helped
tu auras été aidé(e)
il/elle aura été aidé(e)
nous aurons été aidé(e)s
vous aurez été aidé(e)(s)
ils/elles auront été aidé(e)s

imperfect subjunctive
je fusse aidé(e)
   I might be helped
tu fusses aidé(e)
il/elle fût aidé(e)
nous fussions aidé(e)s
vous fussiez aidé(e)(s)
ils/elles fussent aidé(e)s

conditional perfect
j'aurais été aidé(e)
   I should have been helped
tu aurais été aidé(e)
il/elle aurait été aidé(e)
nous aurions été aidé(e)s
vous auriez été aidé(e)(s)
ils/elles auraient été aidé(e)s

perfect subjunctive
j'aie été aidé(e)
   I may have been helped
tu aies été aidé(e)
il/elle ait été aidé(e)
nous ayons été aidé(e)s
vous ayez été aidé(e)(s)
ils/elles aient été aidé(e)s

past anterior
j'eus été aidé(e)
   I had been helped
tu eus été aidé(e)
il/elle eut été aidé(e)
nous eûmes été aidé(e)s
vous eûtes été aidé(e)(s)
ils/elles eurent été aidé(e)s

pluperfect subjunctive
j'eusse été aidé(e)
   I might have been helped
tu eusses été aidé(e)
il/elle eût été aidé(e)
nous eussions êté aidé(e)s
vous eussiez été aidé(e)(s)
ils/elles eussent été aidé(e)s

English equivalents of the French tenses

The following are the most common English equivalents of the active tenses of the French verb. The model is the regular first-conjugation verb **aider**, *to help*. The meanings of the passive tenses are given on pages xx–xxii.

Present: **j'aide**, *I help* (negative: *I do not help*); *I am helping*

Perfect: **j'ai aidé**, *I helped; I have helped; I have been helping*

Imperfect: **j'aidais**, *I was helping; I used to help; I would help*

Past Historic: **j'aidai**, *I helped*

Pluperfect: **j'avais aidé**, *I had helped; I had been helping*

Past anterior: **j'eus aidé**, *I had helped; I had been helping*

Future: **j'aiderai**, *I shall help; I shall be helping*

Conditional: **j'aiderais**, *I should (would) help; I should (would) be helping* (Note: correctly, the tense continues *you would . . . , he would . . . , we should . . . , they would . . . ,* but *would . . . ,* is most often used nowadays throughout this tense)

Future perfect: **j'aurai aidé,** *I shall have helped; I shall have been helping*

Conditional perfect: **j'aurais aidé,** *I would have helped; I would have been helping*

Present subjunctive: **j'aide,** *I help; I may help*

Perfect subjunctive: **j'aie aidé,** *I helped; I might help; I have helped; I may have helped*

Imperfect subjunctive: **j'aidâsse,** *I helped; I might help*

Pluperfect subjunctive: **j'eusse aidé,** *I had helped; I might have helped*

VERB DIRECTORY

The directory shows in alphabetical order:

- all irregular verbs in current use
- all common regular verbs

You are given:

- the infinitive of the verb and its meaning
- if the verb can be followed by another infinitive, the preposition, if any, that is used before that infinitive (à, de, etc.)
- the preposition or prepositions used with the object, if these are different from the English
- the auxiliary verb used to form the compound tenses
- an indication of whether the verb is regular or irregular
- the model verb on whose pattern the verb is conjugated
- the number of the model verb in the verb tables

An asterisk * before a model verb means that the verb you are looking up follows this model but with some slight deviation. You will find full details of this in the verb tables, at the foot of the second page of the model verb.

All active tenses are given in the verb tables. For the passive tenses, see pages xviii–xxii.

Reflexive forms of verbs are only given in this list where they have special meanings, or special constructions, or where the non-reflexive form of the verb is not in common use. A reflexive verb is conjugated exactly like its non-reflexive form, except that **être** is the auxiliary used to form the compound tenses. For the agreement of past participles of reflexive verbs, see page xvii.

Verbs ending **-ier** and **-éer**, though in fact quite regular, produce some odd-looking combinations of vowels, e.g. **nous criions** (imperfect), **la maison qu'il a créée** (perfect with feminine agrement). We have therefore given separate model verbs for verbs ending **–ier** and **éer**. The model verbs are **crier** and **créer**.

The following abbreviations are used in the verb directory:

[A]	auxiliary: **avoir**	qn	**quelqu'un**
[Ê]	auxiliary: **être**	Reg.	Regular
INF	infinitive	sb	somebody
Irr.	irregular	sth	something
qch	**quelque chose**		

' is used before a verb beginning with a 'non-aspirate' h, i.e., a verb that takes **j'** rather than **je** before it.

abaisser *lower* [A] Reg.	donner	30
abandonner *desert* [A] Reg.	donner	30
abasourdir *dumbfound* [A] Reg.	finir	36
abâtardir *debase* [A] Reg.	finir	36
abattre *bring down* [A] Irr.	battre	9
abêtir *stupefy* [A] Reg.	finir	36
abhorrer *abhor* [A] Reg.	donner	30
abîmer *damage* [A] Reg.	donner	30
abjurer *recant* [A] Reg.	donner	30
abolir *abolish* [A] Reg.	finir	36
abominer *loathe* [A] Reg.	donner	30
abonder en *abound in* [A] Reg.	donner	30
abonner à *enrol in* [A] Reg.	donner	30
aborder *land; accost* [A] Reg.	donner	30
aboutir à (sometimes **dans** or **en**) *result in* [A] Reg.	finir	36
aboyer *bark* [A] Irr.	appuyer	6
abréger *shorten* [A] Irr.	protéger	54
abreuver *water (animals)* [A] Reg.	donner	30
abriter contre/de *shelter from* [A] Reg.	donner	30
abroger *abrogate* [A] Irr.	manger	42
abrutir *brutalize* [A] Reg.	finir	36
s'absenter de *absent oneself from* [Ê] Reg.	donner	30
absorber *absorb* [A] Reg.	donner	30
absoudre de *pardon for* [A] Irr.	*résoudre	57
s'abstenir de *refrain from* [Ê] Irr.	tenir	66
abstraire de *abstract from* [A] Irr.	traire	67
abuser de qch *misuse sth* [A] Reg.	donner	30
accabler *overwhelm* [A] Reg.	donner	30
accaparer *hoard; monopolize* [A] Reg.	donner	30
accéder à qch *have access to sth* [A] Irr.	préférer	52
accélérer *accelerate* [A] Irr.	préférer	52
accentuer *stress* [A] Reg.	donner	30
accepter de + INF *agree to* [A] Reg.	donner	30

accidenter *vary; damage* [A] Reg.	donner	30
acclamer *acclaim* [A] Reg.	donner	30
acclimater à *acclimatize to* [A] Reg.	donner	30
s'accoler à *cling to* [Ê] Reg.	donner	30
accommoder *suit* [A] Reg.	donner	30
s'accommoder de *make the best of* [Ê] Reg.	donner	30
accompagner *accompany* [A] Reg.	donner	30
accomplir *accomplish* [A] Reg.	finir	36
accorder *admit; grant* [A] Reg.	donner	30
s'accorder à + INF/avec *agree to/with* [Ê] Reg.	donner	30
accoster *accost* [A] Reg.	donner	30
accoter qch à qch *lean sth against sth* [A] Reg.	donner	30
accoucher de *give birth to* [A] sometimes [Ê] Reg.	donner	30
s'accouder à *lean (one's elbows) on* [Ê] Reg.	donner	30
accoupler *couple* [A] Reg.	donner	30
accourir *run up* [Ê] occasionally [A] Irr.	courir	18
accoutumer qn à *get sb used to* [A] Reg.	donner	30
accréditer qch *make sth believable* [A] Reg.	donner	30
accrocher à *hook (up) on* [A] Reg.	donner	30
accroire *believe (falsely)* Only in use in the infinitive		
accroître *increase* [A] Irr.	accroître	1
s'accroupir *squat* [Ê] Reg.	finir	36
accueillir *welcome* [A] Irr.	cueillir	25
accumuler *accumulate* [A] Reg.	donner	30
accuser de *accuse of* [A] Reg.	donner	30
acérer *sharpen* [A] Irr.	préférer	52
s'acharner sur qn *hound sb* [Ê] Reg.	donner	30
acheminer qn vers/sur *direct sb towards* [A] Reg.	donner	30

acheter qch à qn *buy sth from sb* [A] Irr.	acheter	2
achever de + INF *finish . . . ing* [A] Irr.	acheter	2
acidifier *acidify* [A] Reg.	crier	22
acquérir *acquire* [A] Irr.	acquérir	3
acquiescer à *acquiesce in* [A] Irr.	commencer	13
acquitter de *release from* [A] Reg.	donner	30
actionner *run (machine)* [A] Reg.	donner	30
activer *rouse* [A] Reg.	donner	30
actualiser *bring up to date* [A] Reg.	donner	30
adapter qch à qch *fit sth to sth* [A] Reg.	donner	30
additionner *add up* [A] Reg.	donner	30
adhérer à *adhere to* [A] Irr.	préférer	52
adjoindre à *associate with* [A] Irr.	craindre	20
adjuger qch à qn *award sth to sb* [A] Irr.	manger	42
admettre *admit* [A] Irr.	mettre	43
administrer *administer* [A] Reg.	donner	30
admirer de + INF *admire for . . . ing* [A] Reg.	donner	30
s'adonner à *devote oneself to* [Ê] Reg.	donner	30
adopter *adopt* [A] Reg.	donner	30
adorer + INF *adore . . . ing* [A] Reg.	donner	30
s'adosser à *lean against* [Ê] Reg.	donner	30
adoucir *soften* [A] Reg.	finir	36
adresser qch à qn *address sth to sb* [A] Reg.	donner	30
advenir *occur* [È] Irr.	*venir	71
aérer *air* [A] Irr.	préférer	52
affadir qch *make sth dull* [A] Reg.	finir	36
affaiblir *weaken* [A] Reg.	finir	36
s'affairer *bustle about* [Ê] Reg.	donner	30
s'affaisser *subside* [Ê] Reg.	donner	30
s'affaler *flop down* [Ê] Reg.	donner	30
affamer *starve* [A] Reg.	donner	30

affecter de *pretend to* [A] Reg.	donner	30
affectionner qn/qch *be fond of sb/sth* [A] Reg.	donner	30
affermir *strengthen* [A] Reg.	finir	36
afficher *display* [A] Reg.	donner	30
affirmer *affirm* [A] Reg.	donner	30
affliger de *afflict with* [A] Irr.	manger	42
affluer *abound* [A] Reg.	donner	30
affoler *madden* [A] Reg.	donner	30
affranchir *set free; stamp* [A] Reg.	finir	36
affréter *charter* [A] Irr.	préférer	52
affronter *confront* [A] Reg.	donner	30
agacer *irritate* [A] Irr.	commencer	13
agencer *arrange* [A] Irr.	commencer	13
s'agenouiller *kneel (down)* [Ê] Reg.	donner	30
s'agglomérer *crowd together* [Ê] Irr.	préférer	52
s'agglutiner *cake* [Ê] Reg.	donner	30
aggraver *make worse* [A] Reg.	donner	30
agir sur *act on* [A] Reg.	finir	36
s'agir de *be a matter of* [Ê] Reg.	finir	36
agiter *wave* [A] Reg.	donner	30
agoniser *be dying* [A] Reg.	donner	30
agrafer *hook; clip* [A] Reg.	donner	30
agrandir *enlarge* [A] Reg.	finir	36
agréer *accept* [A] Reg.	créer	21
agrémenter de *embellish with* [A] Reg.	donner	30
agresser qn *make an unprovoked attack on sb* [A] Reg.	donner	30
s'aguerrir à *grow hardened to* [Ê] Reg.	finir	36
ahurir *bewilder* [A] Reg.	finir	36
aider à + INF *help to* [A] Reg.	donner	30
aigrir *sour* [A] Reg.	finir	36
aiguiller *shunt* [A] Reg.	donner	30
aiguiser *sharpen* [A] Reg.	donner	30
aimanter *magnetize* [A] Reg.	donner	30
aimer + INF *like to* [A] Reg.	donner	30

aimer mieux + INF *prefer to* [A] Reg.	donner	30
ajourner *postpone* [A] Reg.	donner	30
ajouter à *add to* [A] Reg.	donner	30
ajuster *adjust* [A] Reg.	donner	30
alarmer *alarm* [A] Reg.	donner	30
alerter de *warn about* [A] Reg.	donner	30
aliéner *alienate* [A] Irr.	préférer	52
aligner *align* [A] Reg.	donner	30
alimenter de *feed with* [A] Reg.	donner	30
allaiter *suckle* [A] Reg.	donner	30
allécher *entice* [A] Irr.	préférer	52
alléger *alleviate* [A] Irr.	protéger	54
alléguer *allege* [A] Irr.	préférer	52
aller + INF *go and; be going to* [Ê] Irr.	aller	4
aller à qn *suit sb* [Ê] Irr.	aller	4
s'en aller *go away* [Ê] Irr.	aller	4
allier à/avec *unite to/with* [A] Reg.	crier	22
allonger *stretch out* [A] Irr.	manger	42
allumer *light* [A] Reg.	donner	30
alourdir de *weigh down with* [A] Reg.	finir	36
altérer *spoil* [A] Irr.	préférer	52
alterner pour + INF/**avec** *take turns to/with* [A] Reg.	donner	30
alunir *land on the moon* [A] Reg.	finir	36
amadouer *coax* [A] Reg.	donner	30
s'amaigrir *grow thin* [Ê] Reg.	finir	36
amalgamer *combine* [A] Reg.	donner	30
amarrer *moor* [A] Reg.	donner	30
amasser *pile up* [A] Reg.	donner	30
ambitionner de + INF *aspire to* [A] Reg.	donner	30
améliorer *improve* [A] Reg.	donner	30
aménager *fit out* [A] Irr.	manger	42
amender *improve; amend* [A] Reg.	donner	30
amener à *bring to* [A] Irr.	acheter	2

amerrir *touch down on the sea; ditch* [A] Reg.	finir	36
amidonner *starch* [A] Reg.	donner	30
s'amincir *grow slimmer* [Ê] Reg.	finir	36
amoindrir *reduce* [A] Reg.	finir	36
amollir *soften* [A] Reg.	finir	36
amonceler *pile up* [A] Irr.	appeler	5
amorcer *initiate* [A] Irr.	commencer	13
amortir *deaden* [A] Reg.	finir	36
amplifier de *amplify with/by* [A] Reg.	crier	22
amputer *amputate* [A] Reg.	donner	30
amuser *amuse* [A] Reg.	donner	30
s'amuser à + INF *have fun . . . ing* [Ê] Reg.	donner	30
analyser *analyse* [A] Reg.	donner	30
ancrer *anchor* [A] Reg.	donner	30
anéantir *annihilate* [A] Reg.	finir	36
anesthésier *anaesthetize* [A] Reg.	crier	22
angoisser *distress* [A] Reg.	donner	30
animer *animate* [A] Reg.	donner	30
annexer *annex* [A] Reg.	donner	30
annihiler *annihilate* [A] Reg.	donner	30
annoncer *announce* [A] Irr.	commencer	13
annoter qch *write notes on sth* [A] Reg.	donner	30
annuler *annul* [A] Reg.	donner	30
anticiper *anticipate* [A] Reg.	donner	30
apaiser *calm* [A] Reg.	donner	30
apercevoir *catch sight of* [A] Irr.	recevoir	56
s'apercevoir de qch *notice sth* [Ê] Irr.	recevoir	56
apeurer *scare* [A] Reg.	donner	30
apitoyer *move (to pity)* [A] Irr.	appuyer	6
s'apitoyer sur qch/qn *feel pity for sth/sb* [Ê] Irr.	appuyer	6
aplanir *plane; smooth* [A] Reg.	finir	36
aplatir *flatten* [A] Reg.	finir	36

apparaître *appear* [Ê] occasionally [A] Irr.	connaître	16
appareiller *install* [A] Reg.	donner	30
apparoir *appear* Only infinitive and il form of the present (**il appert**) in use.		
s'apparenter à *resemble; ally oneself to* [Ê] Reg.	donner	30
appartenir à *belong to* [A] Irr.	tenir	66
appauvrir *impoverish* [A] Reg.	finir	36
appeler *call* [A] Irr.	appeler	5
s'appeler *be called* [Ê] Irr.	appeler	5
appesantir *weigh down* [A] Reg.	finir	36
applaudir de *applaud for* [A] Reg.	finir	36
appliquer *apply* [A] Reg.	donner	30
apporter *bring* [A] Reg.	donner	30
apposer sur/à *affix on/to* [A] Reg.	donner	30
apprécier *appreciate* [A] Reg.	crier	22
appréhender *dread* [A] Reg.	donner	30
apprendre *learn* [A] Irr.	prendre	53
apprendre qch à qn *teach sb sth* [A] Irr.	prendre	53
apprendre à qn à + INF *teach sb to* [A] Irr.	prendre	53
apprendre à + INF *learn to* [A] Irr.	prendre	53
apprêter qch *prepare sth* [A] Reg.	prendre	53
s'apprêter à *prepare to/for* [Ê] Reg.	donner	30
apprivoiser *tame* [A] Reg.	donner	30
approcher qch de qn *bring sth near to sb* [A] Reg.	donner	30
approcher de qn/qch *approach sb/sth* [A] Reg.	donner	30
s'approcher de qn/qch *draw near to sb/sth* [Ê] Reg.	donner	30
approfondir *deepen; go deeply into* [A] Reg.	finir	36
s'approprier qch *appropriate sth* [Ê] Reg.	crier	22

approuver de *approve for* [A] Reg.	donner	30
approvisionner *provision* [A] Reg.	donner	30
appuyer sur *lean on* [A] Irr.	appuyer	6
arbitrer *arbitrate; referee* [A] Reg.	donner	30
arborer *raise; set up* [A] Reg.	donner	30
s'arc-bouter *brace oneself* [Ê] Reg.	donner	30
argenter *silver* [A] Reg.	donner	30
arguer de *deduce from* [A] Reg.	donner	30
argumenter contre *argue against* [A] Reg.	donner	30
armer de *arm with* [A] Reg.	donner	30
aromatiser de *flavour with* [A] Reg.	donner	30
arpenter *survey* [A] Reg.	donner	30
arquer *arch* [A] Reg.	donner	30
arracher à qn *snatch from sb* [A] Reg.	donner	30
arranger *arrange* [A] Irr.	manger	42
arrêter *stop; halt* [A] Reg.	donner	30
s'arrêter de + INF *stop . . . ing* [Ê] Reg.	donner	30
arrimer *stow away* [A] Reg.	donner	30
arriver *arrive* [Ê] Reg.	donner	30
arriver à + INF *manage to* [Ê] Reg.	donner	30
arrondir *round (off)* [A] Reg.	finir	36
arroser *water* [A] Reg.	donner	30
articuler *articulate* [A] Reg.	donner	30
asperger de *sprinkle with* [A] Irr.	manger	42
asphalter *asphalt* [A] Reg.	donner	30
asphyxier *asphyxiate* [A] Reg.	crier	22
aspirer qch *suck sth in* [A] Reg.	donner	30
aspirer à *aspire to* [A] Reg.	donner	30
assagir *make wiser* [A] Reg.	finir	36
assaillir *assault* [A] Irr.	*cueillir	25
assainir *cleanse; set in order* [A] Reg.	finir	36
assaisonner de *season with* [A] Reg.	donner	30
assassiner *murder* [A] Reg.	donner	30
assembler *assemble* [A] Reg.	donner	30
assener *strike* [A] Irr.	acheter	2

asseoir *place; seat* [A] Irr.	s'asseoir	7
s'asseoir *sit (down)* [Ê] Irr.	s'asseoir	7
asservir *enslave* [A] Reg.	finir	36
assiéger de *besiege with* [A] Irr.	préférer	52
assigner *assign* [A] Reg.	donner	30
assimiler *assimilate* [A] Reg.	donner	30
assister à qch *attend/witness sth* [A] Reg.	donner	30
assister qn de qch *asist sb with sth* [A] Reg.	donner	30
associer qch à qch *join sth to sth* [A] Reg.	crier	22
s'associer à/avec *associate with* [Ê] Reg.	crier	22
assombrir *darken* [A] Reg.	finir	36
assommer (de) *fell; overwhelm (with)* [A] Reg.	donner	30
assortir à *match with* [A] Reg.	finir	36
assoupir *send to sleep* [A] Reg.	finir	36
assouplir *make supple* [A] Reg.	finir	36
assourdir *deafen* [A] Reg.	finir	36
assouvir de *satisfy with* [A] Reg.	finir	36
assujettir *subjugate* [A] Reg.	finir	36
assumer *assume; take charge* [A] Reg.	donner	30
assurer *ensure* [A] Reg.	donner	30
astiquer *polish* [A] Reg.	donner	30
astreindre à *subject to/compel to* [A] Irr.	craindre	20
atermoyer *procrastinate* [A] Irr.	appuyer	6
atomiser *atomize* [A] Reg.	donner	30
atrophier *atrophy* [A] Reg.	crier	22
s'attabler *sit down to table* [Ê] Reg.	donner	30
attacher *tie (up)* [A] Reg.	donner	30
attaquer *attack* [A] Reg.	donner	30
s'attaquer à qn/qch *make an attack on sb/sth* [Ê] Reg.	donner	30
attarder *delay* [A] Reg.	donner	30
atteindre *reach* [A] Irr.	craindre	20

atteler *harness* [A] Irr.	appeler	5
attendre qn *wait for sb* [A] Reg.	vendre	70
attendre de + INF *wait (until time) to* [A] Reg.	vendre	70
attendre qch de qn *expect sth of sb* [A] Reg.	vendre	70
s'attendre à (+ INF) *expect (to)* [Ê] Reg.	vendre	70
attendrir *soften* [A] Reg.	finir	36
attenter à *make an attempt on* [A] Reg.	donner	30
atténuer *reduce* [A] Reg.	donner	30
atterrer *lay low; stupefy* [A] Reg.	donner	30
atterrir *land* [A] Reg.	finir	36
attester qch *certify sth; testify to sth* [A] Reg.	donner	30
attiédir *cool down a bit; warm up a bit* [A] Reg.	finir	36
attirer *attract* [A] Reg.	donner	30
attraper qn à + INF *catch sb . . . ing* [A] Reg.	donner	30
attribuer à *allot to* [A] Reg.	donner	30
attrister *sadden* [A] Reg.	donner	30
auditionner *audition* [A] Reg.	donner	30
augmenter de *increase by* [A] Reg.	donner	30
augurer d'après *forecast by* [A] Reg.	donner	30
authentiquer *authenticate* [A] Reg.	donner	30
automatiser *automate* [A] Reg.	donner	30
autoriser qn à + INF *authorize sb to* [A] Reg.	donner	30
s'avachir *get flabby* [Ê] Reg.	finir	36
avaler *swallow* [A] Reg.	donner	30
avancer (de) *advance (by)* [A] Irr.	commencer	13
avantager *favour* [A] Irr.	manger	42
avarier *spoil* [A] Reg.	crier	22
aventurer *venture* [A] Reg.	donner	30
s'avérer *prove* [Ê] Irr.	préférer	52

avertir qn de qch *warn sb about sth* [A] Reg.	finir	36
aveugler *blind* [A] Reg.	donner	30
avilir *debase* [A] Reg.	finir	36
aviser qn de *warn sb of* [A] Reg.	donner	30
aviser à qch *see about sth* [A] Reg.	donner	30
avoir *have* [A] Irr.	avoir	8
avoir qch à + INF *have sth to* [A] Irr.	avoir	8
avoir besoin de + INF *need to* [A] Irr.	avoir	8
avoir besoin de qn/qch *need sb/sth* [A] Irr.	avoir	8
avoir envie de + INF *feel like . . . ing* [A] Irr.	avoir	8
avoir envie de qch *want sth* [A] Irr.	avoir	8
avoir peur de + INF *be afraid to* [A] Irr.	avoir	8
avoir peur de qch/qn *be afraid of sth/sb* [A] Irr.	avoir	8
avoisiner qch *be near to sth* [A] Reg.	donner	30
avorter *miscarry* [A] Reg.	donner	30
avouer (+ PERF INF) *admit (. . . ing)* [A] Reg.	donner	30
axer sur *centre on* [A] Reg.	donner	30
babiller sur *gossip about* [A] Reg.	donner	30
bâcher *sheet over* [A] Reg.	donner	30
bâcler *bodge* [A] Reg.	donner	30
badigeonner *whitewash* [A] Reg.	donner	30
badiner de/avec *trifle with* [A] Reg.	donner	30
bafouer qn *jeer at sb* [A] Reg.	donner	30
bafouiller *stammer* [A] Reg.	donner	30
bagarrer *brawl* [A] Reg.	donner	30
baguer *ring* [A] Reg.	donner	30
baigner *bathe* [A] Reg.	donner	30
bâiller *yawn* [A] Reg.	donner	30
bâillonner *gag* [A] Reg.	donner	30

baiser (formerly) *kiss;* (modern, vulgar) *have intercourse with* [A] Reg.	donner	30
baisser *lower* [A] Reg.	donner	30
balader *take for a walk* [A] Reg.	donner	30
balancer *sway; weigh* [A] Irr.	commencer	13
balayer *sweep* [A] Irr.	appuyer	6
balbutier *stammer* [A] Reg.	crier	22
ballonner *swell (out)* [A] Reg.	donner	30
ballotter *shake about* [A] Reg.	donner	30
banaliser *vulgarize* [A] Reg.	donner	30
bander de *bandage with* [A] Reg.	donner	30
bannir de *banish from* [A] Reg.	finir	36
banqueter *banquet* [A] Irr.	jeter	40
baptiser *baptize* [A] Reg.	donner	30
barbariser *barbarize* [A] Reg.	donner	30
barboter *paddle* [A] Reg.	donner	30
barbouiller de *daub with* [A] Reg.	donner	30
barrer de/à *bar (door, etc.) with/against* [A] Reg.	donner	30
barricader contre *barricade against* [A] Reg.	donner	30
basaner *(sun)tan* [A] Reg.	donner	30
basculer *rock; totter* [A] Reg.	donner	30
baser sur *base on* [A] Reg.	donner	30
batailler pour *do battle for/to* [A] Reg.	donner	30
bateler *convey by boat* [A] Irr.	appeler	5
batifoler *play around* [A] Reg.	donner	30
bâtir *build* [A] Reg.	finir	36
bâtonner *cudgel* [A] Reg.	donner	30
battre *beat* [A] Irr.	battre	9
se battre *fight* [Ê] Irr.	battre	9
bavarder *gossip* [A] Reg.	donner	30
baver *slaver* [A] Reg.	donner	30
béatifier *beatify* [A] Reg.	crier	22
bêcher *dig* [A] Reg.	donner	30
becqueter *peck at* [A] Irr.	acheter	2
béer *gape* [A] Reg.	créer	21

bégayer *stammer* [A] Irr.	appuyer	6
bêler *bleat* [A] Reg.	donner	30
bénéficier de *profit from/by* [A] Reg.	crier	22
bénir de *bless with* [A] Reg.	*finir	36
bercer *rock* [A] Irr.	commencer	13
berner (de) *ridicule; put off (with)* [A] Reg.	donner	30
besogner *work hard* [A] Reg.	donner	30
bêtiser *talk stupidly* [A] Reg.	donner	30
bétonner *concrete* [A] Reg.	donner	30
beugler *low (of cattle)* [A] Reg.	donner	30
beurrer *butter* [A] Reg.	donner	30
biaiser *skew* [A] Reg.	donner	30
bichonner *titivate* [A] Reg.	donner	30
biffer *cross out* [A] Reg.	donner	30
bifurquer *fork* [A] Reg.	donner	30
bigler *squint* [A] Reg.	donner	30
bivouaquer *bivouac* [A] Reg.	donner	30
blaguer *joke* [A] Reg.	donner	30
blâmer de qch *blame for sth* [A] Reg.	donner	30
blanchir *whiten* [A] Reg.	finir	36
blaser *cloy* [A] Reg.	donner	30
se blaser de/sur *become indifferent to* [Ê] Reg.	donner	30
blasphémer *blaspheme* [A] Irr.	préférer	52
blêmir *turn pale* [A] Reg.	finir	36
blesser *wound* [A] Reg.	donner	30
bleuir *make/turn blue* [A] Reg.	finir	36
blinder contre *armour against* [A] Reg.	donner	30
blondir *go blond; turn yellow* [A] Reg.	finir	36
bloquer *block up* [A] Reg.	donner	30
se blottir *cower* [Ê] Reg.	finir	36
bluffer *bluff* [A] Reg.	donner	30
bobiner *wind* [A] Reg.	donner	30
boire *drink* [A] Irr.	boire	10

boire à qn/qch *drink to sb/sth* [A] Irr.		boire	10
boire à qch *drink from sth* [A] Irr.		boire	10
boiser *panel* [A] Reg.		donner	30
boiter *limp* [A] Reg.		donner	30
bombarder *shell* [A] Reg.		donner	30
bomber *bulge* [A] Reg.		donner	30
bonder de *cram with* [A] Reg.		donner	30
bondir *leap* [A] Reg.		finir	36
border qch *border on sth* [A] Reg.		donner	30
borner *limit* [A] Reg.		donner	30
bosseler *emboss; dent* [A] Reg.		donner	30
bosser *work hard* [A] Reg.		donner	30
botaniser *botanize* [A] Reg.		donner	30
botteler *bundle up* [A] Irr.		appeler	5
botter *put shoes on; kick* [A] Reg.		donner	30
boucher *block up* [A] Reg.		donner	30
boucler *buckle* [A] Reg.		donner	30
bouder *sulk* [A] Reg.		donner	30
bouffer *balloon out; guzzle* [A] Reg.		donner	30
bouffir *swell* [A] Reg.		finir	36
bouger *move* [A] Irr.		manger	42
bouillir *boil* [A] Irr.		bouillir	11
bouillonner *bubble up* [A] Reg.		donner	30
boulanger *bake* [A] Irr.		manger	42
bouler *roll* [A] Reg.		donner	30
bouleverser *upset* [A] Reg.		donner	30
bouquiner *browse* [A] Reg.		donner	30
bourdonner *buzz* [A] Reg.		donner	30
bourgeonner *bud* [A] Reg.		donner	30
bourrer de *stuff with* [A] Reg.		donner	30
boursoufler *bloat* [A] Reg.		donner	30
bousculer *barge into; jostle* [A] Reg.		donner	30
boutonner *button* [A] Reg.		donner	30
boxer *box* [A] Reg.		donner	30
boycotter *boycott* [A] Reg.		donner	30
braconner *poach* [A] Reg.		donner	30
brader *sell off* [A] Reg.		donner	30
brailler *bawl* [A] Reg.		donner	30

braire *bray* [A] Irr.	*traire	67
braiser *braise* [A] Reg.	donner	30
brancher sur *connect up to* [A] Reg.	donner	30
brandir *brandish* [A] Reg.	finir	36
branler *shake* [A] Reg.	donner	30
braquer sur *aim at* [A] Reg.	donner	30
braser *braze* [A] Reg.	donner	30
brasser *brew* [A] Reg.	donner	30
braver *brave* [A] Reg.	donner	30
bredouiller *mumble* [A] Reg.	donner	30
breveter *patent* [A] Irr.	*acheter	2
bricoler *do odd jobs* [A] Reg.	donner	30
brider *curb* [A] Reg.	donner	30
briguer *canvass* [A] Reg.	donner	30
briller *shine* [A] Reg.	donner	30
brimbaler *dangle* [A] Reg.	donner	30
brimer *bully* [A] Reg.	donner	30
briser *break* [A] Reg.	donner	30
brocanter *deal in second-hand goods* [A] Reg.	donner	30
broder *embroider* [A] Reg.	donner	30
broncher *flinch* [A] Reg.	donner	30
bronzer *tan; sunburn* [A] Reg.	donner	30
brosser *brush* [A] Reg.	donner	30
brouiller *jumble up* [A] Reg.	donner	30
brouter *browse on* [A] Reg.	donner	30
broyer *crush* [A] Irr.	appuyer	6
bruiner *drizzle* [A] Reg.	donner	30
bruire *rumble; hum* [A] Irr.	*conduire	15
brûler *burn* [A] Reg.	donner	30
brunir *brown* [A] Reg.	finir	36
brusquer qn *be rude to sb* [A] Reg.	donner	30
brutaliser *ill-treat* [A] Reg.	donner	30
budgéter qch *budget for sth* [A] Irr.	préférer	52
buriner *engrave* [A] Reg.	donner	30
buter contre/sur *knock against* [A] Reg.	donner	30
se buter à *come up against* [Ê] Reg.	donner	30
cabaler contre *plot against* [A] Reg.	donner	30

câbler *cable* [A] Reg.	donner	30
cabrer *rear (up)* [A] Reg.	donner	30
cabrioler *caper (about)* [A] Reg.	donner	30
cacarder *cackle* [A] Reg.	donner	30
cacher qch à qn *hide sth from sb* [A] Reg.	donner	30
cacheter *seal* [A] Irr.	acheter	2
cadenasser *padlock* [A] Reg.	donner	30
cadencer *give rhythm to* [A] Irr.	commencer	13
cadrer avec *conform to* [A] Reg.	donner	30
cahoter *jolt* [A] Reg.	donner	30
se cailler *clot* [Ê] Reg.	donner	30
cajoler *cajole* [A] Reg.	donner	30
calcifier *calcify* [A] Reg.	crier	22
calculer *calculate* [A] Reg.	donner	30
caler *wedge* [A] Reg.	donner	30
câliner *pet* [A] Reg.	donner	30
calomnier *libel; slander* [A] Reg.	crier	22
calmer *calm* [A] Reg.	donner	30
calquer *trace* [A] Reg.	donner	30
se calquer sur *model oneself on* [Ê] Reg.	donner	30
cambrer *bend* [A] Reg.	donner	30
cambrioler *burgle* [A] Reg.	donner	30
camionner *haul* [A] Reg.	donner	30
camoufler *camouflage* [A] Reg.	donner	30
camper *camp* [A] Reg.	donner	30
canaliser *channel* [A] Reg.	donner	30
canneler *groove* [A] Irr.	appeler	5
cannibaliser *cannibalize* [A] Reg.	donner	30
canoniser *canonize* [A] Reg.	donner	30
canonner *shell* [A] Reg.	donner	30
canoter *row; sail* [A] Reg.	donner	30
cantonner *billet* [A] Reg.	donner	30
canuler *hoax; pester* [A] Reg.	donner	30
capitaliser *capitalize* [A] Reg.	donner	30
capitonner *pad* [A] Reg.	donner	30
capituler devant *capitulate to* [A] Reg.	donner	30

capoter *capsize* [A] Reg.	donner	30
capsuler *cap* [A] Reg.	donner	30
capter *collect* [A] Reg.	donner	30
captiver *captivate* [A] Reg.	donner	30
capturer *capture* [A] Reg.	donner	30
caqueter *cackle* [A] Irr.	jeter	40
caracoler *gambol* [A] Reg.	donner	30
caractériser *characterize* [A] Reg.	donner	30
caramboler *cannon (into)* [A] Reg.	donner	30
caraméliser *caramelize* [A] Reg.	donner	30
carboniser *char* [A] Reg.	donner	30
caresser *caress* [A] Reg.	donner	30
caricaturer *caricature* [A] Reg.	donner	30
carillonner *chime* [A] Reg.	donner	30
carreler *tile* [A] Irr.	appeler	5
carrer *square* [A] Reg.	donner	30
cascader *cascade* [A] Reg.	donner	30
caser *stow away* [A] Reg.	donner	30
casser *break* [A] Reg.	donner	30
castrer *castrate* [A] Reg.	donner	30
cataloguer *catalogue* [A] Reg.	donner	30
catapulter *catapult* [A] Reg.	donner	30
catcher *wrestle* [A] Reg.	donner	30
catéchiser *catechize* [A] Reg.	donner	30
cauchemarder *have nightmares* [A] Reg.	donner	30
causer *cause; chat* (**de** *about;* **avec** *to*) [A] Reg.	donner	30
cautériser *cauterize* [A] Reg.	donner	30
cautionner qn *bail sb out* [A] Reg.	donner	30
céder *give up* [A] Irr.	préférer	52
ceindre qn de qch *encircle sb with sth* [A] Irr.	craindre	20
ceinturer de *surround with* [A] Reg.	donner	30
célébrer *celebrate* [A] Irr.	préférer	52
celer *conceal* [A] Irr.	acheter	2
censurer *censure* [A] Reg.	donner	30
centraliser *centralize* [A] Reg.	donner	30
centrer sur *centre on* [A] Reg.	donner	30

cercler de *encircle with* [A] Reg.	donner	30
cerner de *surround by* [A] Reg.	donner	30
certifier *certify* [A] Reg.	crier	22
cesser de (+ INF) *stop . . . ing* [A] Reg.	donner	30
chagriner *distress* [A] Reg.	donner	30
chahuter *make a row* [A] Reg.	donner	30
chaloir *matter* Irr.	*valoir	69
chalouper *sway* [A] Reg.	donner	30
chaluter *trawl* [A] Reg.	donner	30
se chamailler avec *squabble with* [Ê] Reg.	donner	30
chambarder *upset* [A] Reg.	donner	30
chambrer *bring to room temperature* [A] Reg.	donner	30
chanceler *stagger* [A] Irr.	appeler	5
changer de qch *change sth* [A] Irr.	manger	42
chanter *sing* [A] Reg.	donner	30
chantonner *sing to oneself* [A] Reg.	donner	30
chaperonner *chaperon* [A] Reg.	donner	30
charger de *load with* [A] Irr.	manger	42
se charger de (+ INF) *undertake (to)* [Ê] Irr.	manger	42
charmer *charm* [A] Reg.	donner	30
charpenter *construct* [A] Reg.	donner	30
charrier *transport* [A] Reg.	crier	22
chasser *hunt* [A] Reg.	donner	30
châtier *punish* [A] Reg.	crier	22
chatouiller *tickle* [A] Reg.	donner	30
châtrer *neuter* [A] Reg.	donner	30
chauffer (à) *heat (with)* [A] Reg.	donner	30
chausser *put shoes on* [A] Reg.	donner	30
chausser du . . . *take size . . . in shoes* [A] Reg.	donner	30
chavirer *turn over; spin round* [A] Reg.	donner	30
cheminer *tramp along* [A] Reg.	donner	30
chercher qn/qch *look for sb/sth* [A] Reg.	donner	30

chercher à + INF *try to* [A] Reg.	donner	30
chérir *cherish* [A] Reg.	finir	36
chevaucher (sur) *ride; sit astride* [A] Reg.	donner	30
cheviller *peg* [A] Reg.	donner	30
chialer *snivel* [A] Reg.	donner	30
chicaner sur *quibble about* [A] Reg.	donner	30
chier (vulgar) *shit* [A] Reg.	crier	22
chiffonner *rumple* [A] Reg.	donner	30
chiffrer *calculate* [A] Reg.	donner	30
chiper *pinch; steal* [A] Reg.	donner	30
chipoter *nibble* [A] Reg.	donner	30
choir (vulgar) *fall* [Ê] Irr.	*déchoir	26
choisir entre/parmi *choose between/ from* [A] Reg.	finir	36
chômer *be unemployed* [A] Reg.	donner	30
choquer *shock* [A] Reg.	donner	30
chouchouter *fondle* [A] Reg.	donner	30
choyer *cherish* [A] Irr.	appuyer	6
christianiser *christianize* [A] Reg.	donner	30
chroniquer *chronicle* [A] Reg.	donner	30
chronométrer *time* [A] Irr.	préférer	52
chuchoter *whisper* [A] Reg.	donner	30
chuinter *hoot; hiss* [A] Reg.	donner	30
chuter *hiss (an actor); flop* [A] Reg.	donner	30
cicatriser *heal (up)* [A] Reg.	donner	30
ciller *blink* [A] Reg.	donner	30
cimenter *cement* [A] Reg.	donner	30
cingler *lash* [A] Reg.	donner	30
cintrer *bend* [A] Reg.	donner	30
circoncire *circumcise* [A] Irr.	*suffire	63
circonscrire *circumscribe* [A] Irr.	écrire	31
circonvenir *circumvent* [A] Irr.	venir	71
circuler *circulate* [A] Reg.	donner	30
circumnaviguer *circumnavigate* [A] Reg.	donner	30
cirer *polish* [A] Reg.	donner	30
cisailler *shear* [A] Reg.	donner	30

ciseler *engrave* [A] Irr.	acheter	2
citer *quote* [A] Reg.	donner	30
civiliser *civilize* [A] Reg.	donner	30
clairsemer *thin out* [A] Irr.	acheter	2
clamer *proclaim; protest* [A] Reg.	donner	30
clapoter *lap* [A] Reg.	donner	30
claquer *bang; clap* [A] Reg.	donner	30
clarifier *clarify* [A] Reg.	crier	22
classer comme/par *classify as/according to* [A] Reg.	donner	30
classifier *classify* [A] Reg.	crier	22
cligner *blink* [A] Reg.	donner	30
cligner de l'œil *wink* [A] Reg.	donner	30
clignoter *flash* [A] Reg.	donner	30
climatiser *air-condition* [A] Reg.	donner	30
cliqueter *rattle* [A] Irr.	jeter	40
cliver *cleave* [A] Reg.	donner	30
clocher *limp* [A] Reg.	donner	30
cloisonner *partition (off)* [A] Reg.	donner	30
cloîtrer *shut up in a convent* [A] Reg.	donner	30
clopiner *hobble* [A] Reg.	donner	30
cloquer *blister* [A] Reg.	donner	30
clore *close* [A] Irr.	clore	12
clôturer *fence in* [A] Reg.	donner	30
clouer *nail (up/down)* [A] Reg.	donner	30
clouter de *stud with* [A] Reg.	donner	30
coaguler *coagulate* [A] Reg.	donner	30
se coaliser *form a coalition* [Ê] Reg.	donner	30
coasser *croak* [A] Reg.	donner	30
cocher *tick* [A] Reg.	donner	30
coder *encode* [A] Reg.	donner	30
codifier *codify* [A] Reg.	donner	30
coexister avec *coexist with* [A] Reg.	donner	30
cogiter sur *cogitate about* [A] Reg.	donner	30
cogner qch *drive sth in; knock sth* [A] Reg.	donner	30
se cogner à *bump into* [Ê] Reg.	donner	30
cohabiter *live together* [A] Reg.	donner	30

coiffer de *cap with* [A] Reg.	donner	30
coincer *wedge* [A] Irr.	commencer	13
coïncider avec *coincide with* [A] Reg.	donner	30
collaborer *collaborate* [A] Reg.	donner	30
collationner *collate; check* [A] Reg.	donner	30
collecter *collect* [A] Reg.	donner	30
collectionner *collect* [A] Reg.	donner	30
coller à *stick to* [A] Reg.	donner	30
coloniser *colonize* [A] Reg.	donner	30
colorer qch en . . . *colour sth . . .* [A] Reg.	donner	30
colorier *colour; paint* [A] Reg.	crier	22
colporter *peddle* [A] Reg.	donner	30
combattre *combat* [A] Irr.	battre	9
combiner *combine* [A] Reg.	donner	30
combler de *fill up with* [A] Reg.	donner	30
commander à qn de + INF *order sb to* [A] Reg.	donner	30
commémorer *commemorate* [A] Reg.	donner	30
commencer à (sometimes **de**) + INF *begin to* [A] Irr.	commencer	13
commencer par qn/qch *begin with sb/sth* [A] Irr.	commencer	13
commencer par + INF *begin by . . . ing* [A] Irr.	commencer	13
commenter sur *comment on* [A] Reg.	donner	30
commercer avec *trade with* [A] Irr.	commencer	13
commercialiser *commercialize* [A] Reg.	donner	30
commettre *commit* [A] Irr.	mettre	43
commissionner *commission* [A] Reg.	donner	30
commotionner *shock* [A] Reg.	donner	30
commuer *commute* [A] Reg.	donner	30
communier *receive communion* [A] Reg.	crier	22

communiquer avec/à *communicate with* [A] Reg.	donner	30
comparaître *appear (before court)* [A] Irr.	connaître	16
comparer à *compare to* [A] Reg.	donner	30
compatir à *sympathize with* [A] Reg.	finir	36
compenser qch *compensate for sth* [A] Reg.	donner	30
compiler *compile* [A] Reg.	donner	30
se complaire en/dans qch *take pleasure in sth* [Ê] Irr.	plaire	49
se complaire à + INF *take pleasure in . . . ing* [Ê] Irr.	plaire	49
compléter *complete* [A] Irr.	préférer	52
complimenter qn de/sur *compliment sb on* [A] Reg.	donner	30
compliquer *complicate* [A] Reg.	donner	30
comploter *plot* [A] Reg.	donner	30
comporter *allow* [A] Reg.	donner	30
se comporter envers qn *behave towards sb* [Ê] Reg.	donner	30
composer *compose* [A] Reg.	donner	30
se composer de *be made up of* [Ê] Reg.	donner	30
composter *validate* [A] Reg.	donner	30
comprendre *understand* [A] Irr.	prendre	53
compresser *pack together* [A] Reg.	donner	30
comprimer *compress* [A] Reg.	donner	30
compromettre *compromise* [A] Irr.	mettre	43
compter sur *count on* [A] Reg.	donner	30
compter + INF *intend to* [A] Reg.	donner	30
compulser *examine* [A] Reg.	donner	30
computer *compute* [A] Reg.	donner	30
concasser *crush* [A] Reg.	donner	30
concéder *concede* [A] Irr.	préférer	52
concentrer sur *concentrate on* [A] Reg.	donner	30

concerner *concern* [A] Reg.	donner	30
concerter *(pre)arrange* [A] Reg.	donner	30
se concerter avec qn *get together with sb* [Ê] Reg.	donner	30
concevoir *conceive* [A] Irr.	recevoir	56
concilier *reconcile* [A] Reg.	crier	22
conclure *conclude* [A] Irr.	conclure	14
concorder avec *tally with* [A] Reg.	donner	30
concourir avec *compete with* [A] Irr.	courir	18
concréter *solidify* [A] Irr.	préférer	52
concrétiser *put into concrete form* [A] Reg.	donner	30
concurrencer qn *compete with sb* [A] Irr.	commencer	13
condamner à *condemn to* [A] Reg.	donner	30
condenser en *condense into* [A] Reg.	donner	30
condescendre à *condescend to; comply with* [A] Reg.	vendre	70
conditionner *condition* [A] Reg.	donner	30
conduire *drive* [A] Irr.	conduire	15
conduire qn à + INF *induce sb to* [A] Irr.	conduire	15
confectionner *put together* [A] Reg.	donner	30
confédérer *unite* [A] Irr.	préférer	52
conférer avec *confer with* [A] Irr.	préférer	52
confesser *confess* [A] Reg.	donner	30
confier qch à qn *entrust sb with sth* [A] Reg.	crier	22
confiner à/dans *confine to/in* [A] Reg.	donner	30
confiner à *border on* [A] Reg.	donner	30
confire *preserve* [A] Irr.	*suffire	63
confirmer *confirm* [A] Reg.	donner	30
confisquer *confiscate* [A] Reg.	donner	30
confluer avec *flow into* [A] Reg.	donner	30
confondre *confound* [A] Reg.	vendre	70
se conformer à *conform to* [Ê] Reg.	donner	30

confronter à/avec *confront with* [A] Reg.	donner	30
congédier *dismiss* [A] Reg.	crier	22
congeler *(deep) freeze* [A] Irr.	acheter	2
congestionner *block* [A] Reg.	donner	30
conglomérer *conglomerate* [A] Irr.	préférer	52
conjecturer *conjecture* [A] Reg.	donner	30
conjoindre *join in marriage* [A] Irr.	craindre	20
conjuguer *conjugate* [A] Reg.	donner	30
conjurer qn de + INF *entreat sb to* [A] Reg.	donner	30
connaître (à) *know; recognize (by)* [A] Irr.	connaître	16
connoter *connote* [A] Reg.	donner	30
conquérir *conquer* [A] Irr.	acquérir	3
consacrer à *devote to* [A] Reg.	donner	30
conseiller à qn de + INF *advise sb to* [A] Reg.	donner	30
consentir à + INF *agree to* [A] Irr.	partir	48
consentir à qch *agree to sth* [A] Irr.	partir	48
conserver *preserve* [A] Reg.	donner	30
considérer *consider* [A] Irr.	préférer	52
consigner *deposit* [A] Reg.	donner	30
consister en/dans qch *consist of sth* [A] Reg.	donner	30
consister à + INF *consist in . . . ing* [A] Reg.	donner	30
consoler qn de qch *console sb for sth* [A] Reg.	donner	30
consolider *consolidate* [A] Reg.	donner	30
consommer *consume* [A] Reg.	donner	30
consonner *harmonize* [A] Reg.	donner	30
conspirer contre *conspire against* [A] Reg.	donner	30
conspuer *decry* [A] Reg.	donner	30
constater *establish* [A] Reg.	donner	30
consterner *dismay* [A] Reg.	donner	30
constiper *constipate* [A] Reg.	donner	30
constituer *constitute* [A] Reg.	donner	30

construire *construct* [A] Irr.	conduire	15
consulter *consult* [A] Reg.	donner	30
consumer *consume* [A] Reg.	donner	30
se consumer de *pine with* [Ê] Reg.	donner	30
contacter *contact* [A] Reg.	donner	30
contagionner *infect* [A] Reg.	donner	30
contaminer *contaminate* [A] Reg.	donner	30
contempler *contemplate* [A] Reg.	donner	30
contenir *contain* [A] Irr.	tenir	66
contenter *content* [A] Reg.	donner	30
se contenter de + INF *to merely . . .* [Ê] Reg.	donner	30
se contenter de qch *be content with sth* [Ê] Reg.	donner	30
conter *relate* [A] Reg.	donner	30
contester *dispute* [A] Reg.	donner	30
continuer à (sometimes **de**) + INF *continue to* [A] Reg.	donner	30
contourner *get around* [A] Reg.	donner	30
contracter *contract* [A] Reg.	donner	30
contraindre *constrain* [A] Irr.	craindre	20
contrarier *oppose* [A] Reg.	crier	22
contraster avec *contrast with* [A] Reg.	donner	30
contre-attaquer *counter-attack* [A] Reg.	donner	30
contrebalancer *counterbalance* [A] Irr.	commencer	13
contrecarrer *thwart* [A] Reg.	donner	30
contredire *contradict* [A] Irr.	*dire	29
contrefaire *counterfeit* [A] Irr.	faire	34
contre-interroger *cross-examine* [A] Irr.	manger	42
contremarcher *countermarch* [A] Reg.	donner	30
contreplaquer *laminate* [A] Reg.	donner	30
contresigner *countersign* [A] Reg.	donner	30
contrevenir *contravene* [A] Irr.	venir	71
contribuer à *contribute to* [A] Reg.	donner	30

contrôler *check* [A] Reg.	donner	30
controverser *debate* [A] Reg.	donner	30
contusionner *bruise* [A] Reg.	donner	30
convaincre de *convince of* [A] Irr.	vaincre	68
convenir *agree* usually [A] Irr.	venir	71
convenir à qn *suit sb* [A] Irr.	venir	71
converger sur *converge on* [A] Irr.	manger	42
converser avec *talk with* [A] Reg.	donner	30
convertir à *convert to* [A] Reg.	finir	36
convier à *invite to* [A] Reg.	crier	22
convoiter *covet* [A] Reg.	donner	30
convoquer à *summon to* [A] Reg.	donner	30
convoyer *convoy* [A] Irr.	appuyer	6
convuls(ionn)er *convulse* [A] Reg.	donner	30
coopérer avec/à *co-operate with/on* [A] Irr.	préférer	52
coopter *co-opt* [A] Reg.	donner	30
coordonner à/avec *co-ordinate with* [A] Reg.	donner	30
copier sur *copy from* [A] Reg.	crier	22
corner *trumpet* [A] Reg.	donner	30
correspondre à *correspond to* [A] Reg.	vendre	70
corriger *correct* [A] Irr.	manger	42
corroborer *corroborate* [A] Reg.	donner	30
corroder *corrode* [A] Reg.	donner	30
corrompre *corrupt* [A] Irr.	rompre	59
corroyer *trim* [A] Irr.	appuyer	6
corser *intensify* [A] Reg.	donner	30
costumer *dress (up)* [A] Reg.	donner	30
coter *assess* [A] Reg.	donner	30
cotiser pour *contribute towards* [A] Reg.	donner	30
cotonner *pad* [A] Reg.	donner	30
côtoyer qch *border on sth* [A] Irr.	appuyer	6
coucher qn *put sb to bed* [A] Reg.	donner	30
coudoyer qn *rub shoulders with sb* [A] Irr.	appuyer	6
coudre *sew* [A] Irr.	coudre	17

coudre qch à qch *sew sth on to sth* [A] Irr.	coudre	17
couiner *squeak* [A] Reg.	donner	30
couler de *flow from* [A] Reg.	donner	30
couper *cut* [A] Reg.	donner	30
couperoser *blotch* [A] Reg.	donner	30
coupler *couple* [A] Reg.	donner	30
courber *bend* [A] Reg.	donner	30
courir *run* [A] Irr.	courir	18
couronner de *crown with* [A] Reg.	donner	30
courroucer *anger* [A] Irr.	commencer	13
court-circuiter *short-circuit* [A] Reg.	donner	30
courtiser *court* [A] Reg.	donner	30
coussiner *cushion* [A] Reg.	donner	30
coûter *cost* [A] Reg.	donner	30
couver *brood (over)* [A] Reg.	donner	30
couvrir de qch *cover with sth* [A] Irr.	couvrir	19
cracher *spit* [A] Reg.	donner	30
crachiner *drizzle* [A] Reg.	donner	30
crailler *caw* [A] Reg.	donner	30
craindre de + INF *be afraid to* [A] Irr.	craindre	20
cramponner *clamp* [A] Reg.	donner	30
crâner *swank* [A] Reg.	donner	30
cranter *notch* [A] Reg.	donner	30
craquer *crack* [A] Reg.	donner	30
craqueter *crackle* [A] Irr.	jeter	40
cravacher *horsewhip* [A] Reg.	donner	30
crawler *do the crawl* [A] Reg.	donner	30
crayonner *draw, write, in pencil* [A] Reg.	donner	30
créditer qn de *credit sb with* [A] Reg.	donner	30
créer *create* [A] Reg.	créer	21
crémer *cremate* [A] Irr.	préférer	52
créneler *notch; crenelate* [A] Irr.	appeler	5
crépir *frizz; grain* [A] Reg.	finir	36

crépiter *crackle* [A] Reg.	donner	30
creuser *dig* [A] Reg.	donner	30
crevasser *crack* [A] Reg.	donner	30
crever de *burst with* [A] Irr.	acheter	2
criailler *bawl* [A] Reg.	donner	30
cribler de *riddle with* [A] Reg.	donner	30
crier de *cry with* [A] Reg.	crier	22
criqueter *chirp* [A] Reg.	donner	30
crisper *contract* [A] Reg.	donner	30
crisser *grate* [A] Reg.	donner	30
cristalliser *crystallize* [A] Reg.	donner	30
critiquer de + INF *criticize for . . . ing* [A] Reg.	donner	30
croasser *croak* [A] Reg.	donner	30
crocheter *hook (up)* [A] Irr.	acheter	2
croire qn *believe sb* [A] Irr.	croire	23
croire à/en qn *believe in sb* [A] Irr.	croire	23
croiser *cross* [A] Reg.	donner	30
croître *grow* [A] Irr.	croître	24
croquer *crunch* [A] Reg.	donner	30
crotter *dirty* [A] Reg.	donner	30
crouler *collapse* [A] Reg.	donner	30
croupir *wallow; stagnate* [A] Reg.	finir	36
croustiller *crunch* [A] Reg.	donner	30
crucifier *crucify* [A] Reg.	crier	22
cuber *cube; have a cubic capacity of* [A] Reg.	donner	30
cueillir *gather* [A] Irr.	cueillir	25
cuire *cook* [A] Irr.	conduire	15
cuire *a cook by* [A] Irr.	conduire	15
cuisiner *cook* [A] Reg.	donner	30
culbuter *somersault; knock over* [A] Reg.	donner	30
culminer à *peak at* [A] Reg.	donner	30
cultiver *cultivate* [A] Reg.	donner	30
cumuler *have more than one job* [A] Reg.	donner	30
curer *pick; clean* [A] Reg.	donner	30
cuver *ferment* [A] Reg.	donner	30

dactylographier *type* [A] Reg.	crier	22
daigner + INF *deign to* [A] Reg.	donner	30
daller *pave* [A] Reg.	donner	30
damner *damn* [A] Reg.	donner	30
se dandiner *waddle; strut* [Ê] Reg.	donner	30
danser *dance* [A] Reg.	donner	30
darder vers/sur *dart (out) towards* [A] Reg.	donner	30
dater de *date from* [A] Reg.	donner	30
déambuler *saunter* [A] Reg.	donner	30
débacler *clear* [A] Reg.	donner	30
déballer *unpack* [A] Reg.	donner	30
débander *relax* [A] Reg.	donner	30
se débarbouiller *clean; wash one's face; clean up* [Ê] Reg.	donner	30
débarquer de *disembark from* [A] Reg.	donner	30
débarasser qn de qch/qn *rid sb of sth/sb* [A] Reg.	donner	30
débarrer *unbar* [A] Reg.	donner	30
débâtir *demolish* [A] Reg.	finir	36
débattre *debate* [A] Irr.	battre	9
débaucher *entice away* [A] Reg.	donner	30
débiliter *debilitate* [A] Reg.	donner	30
débiter *retail* [A] Reg.	donner	30
déblatérer *bluster* [A] Irr.	préférer	52
déblayer de *clear of* [A] Irr.	appuyer	6
débloquer *free* [A] Reg.	donner	30
déboiser *deforest* [A] Reg.	donner	30
déboîter *disconnect* [A] Reg.	donner	30
débonder *unbung; gush out* [A] Reg.	donner	30
déborder de *overflow with* [A] Reg.	donner	30
déboucher *unblock* [A] Reg.	donner	30
déboucler *unbuckle* [A] Reg.	donner	30
débouler *fall head over heels* [A] Reg.	donner	30
débourber *clean out* [A] Reg.	donner	30
débourser *spend* [A] Reg.	donner	30

déboussoler *bewilder* [A] Reg.	donner	30
déboutonner *unbutton* [A] Reg.	donner	30
débrancher *disconnect* [A] Reg.	donner	30
débrayer *disengage* [A] Irr.	appuyer	6
débrider *unbridle; stop* [A] Reg.	donner	30
débrouiller *disentangle* [A] Reg.	donner	30
débroussailler *clear* [A] Reg.	donner	30
débusquer *oust* [A] Reg.	donner	30
débuter *begin* [A] Reg.	donner	30
décacheter *break open* [A] Irr.	jeter	40
décaféiner *decaffeinate* [A] Reg.	donner	30
décaisser *unpack* [A] Reg.	donner	30
décaler *displace* [A] Reg.	donner	30
décalquer *trace* [A] Reg.	donner	30
décamper *decamp* [A] Reg.	donner	30
décanter *decant* [A] Reg.	donner	30
décaper *scour* [A] Reg.	donner	30
décapiter *decapitate* [A] Reg.	donner	30
décapoter *open up (car hood)* [A] Reg.	donner	30
décapsuler *open (bottle)* [A] Reg.	donner	30
décapuchonner *unfrock* [A] Reg.	donner	30
décéder *die* [Ê] Irr.	préférer	52
déceler *disclose* [A] Irr.	acheter	2
décélérer *decelerate* [A] Irr.	préférer	52
décentraliser *decentralize* [A] Reg.	donner	30
décerner *award* [A] Reg.	donner	30
décevoir *deceive* [A] Irr.	recevoir	56
déchaîner *let loose* [A] Reg.	donner	30
déchanter *come down a peg* [A] Reg.	donner	30
décharger *unload* [A] Irr.	manger	42
décharger qn de qch *let sb off sth* [A] Irr.	manger	42
se déchausser *take off one's shoes* [Ê] Reg.	donner	30
décheveler *tousle* [A] Irr.	appeler	5
déchiffrer *puzzle out* [A] Reg.	donner	30
déchiqueter *shred* [A] Irr.	appeler	5

déchirer *tear* [A] Reg.	donner	30
déchoir *fall (into decay)* [A] or sometimes [Ê] Irr.	déchoir	26
décider (de + INF) *decide (to)* [A] Reg.	donner	30
se décider à + INF *decide to; make up your mind to* [Ê] Reg.	donner	30
décimer *decimate* [A] Reg.	donner	30
déclamer *declaim* [A] Reg.	donner	30
déclarer *declare* [A] Reg.	donner	30
déclasser *bring down in the world* [A] Reg.	donner	30
déclencher *trigger off* [A] Reg.	donner	30
décliner *decline* [A] Reg.	donner	30
déclore *unfence* [A] Irr.	clore	12
déclôturer *throw open* [A] Reg.	donner	30
décocher *fire off* [A] Reg.	donner	30
décoder *decode* [A] Reg.	donner	30
décoiffer qn *ruffle sb's hair* [A] Reg.	donner	30
décoincer *loosen* [A] Reg.	donner	30
décolérer *calm down* [A] Irr.	préférer	52
décoller *take off (plane)* [A] Reg.	donner	30
décolorer *bleach* [A] Reg.	donner	30
décommander *cancel* [A] Reg.	donner	30
décomposer *decompose* [A] Reg.	donner	30
décompter de *deduct from* [A] Reg.	donner	30
déconcerter *disconcert* [A] Reg.	donner	30
décongeler *defrost* [A] Irr.	acheter	2
décongestionner *relieve congestion* [A] Reg.	donner	30
déconseiller qch à qn *advise sb against sth* [A] Reg.	donner	30
déconseiller à qn de + INF *advise sb not to* [A] Reg.	donner	30
décontaminer *decontaminate* [A] Reg.	donner	30
décontenancer *embarrass* [A] Irr.	commencer	13
décontracter *relax* [A] Reg.	donner	30
décorer de *decorate with* [A] Reg.	donner	30

décortiquer *shell; peel* [A] Reg.	donner	30
découdre *unpick* [A] Irr.	coudre	17
découler de *be derived from* [A] Reg.	donner	30
découper *cut up* [A] Reg.	donner	30
se découper sur *stand out against* [Ê] Reg.	donner	30
découpler *uncouple* [A] Reg.	donner	30
décourager de *discourage from* [A] Irr.	manger	42
découronner *depose* [A] Reg.	donner	30
découvrir *discover* [A] Irr.	couvrir	19
décrasser *cleanse* [A] Reg.	donner	30
se décrépir *fall into disrepair* [Ê] Reg.	finir	36
décréter *decree* [A] Irr.	préférer	52
décrier *decry* [A] Reg.	crier	22
décrire *describe* [A] Irr.	écrire	31
décrocher de *unhook from* [A] Reg.	donner	30
décroiser *uncross* [A] Reg.	donner	30
décroître *decrease* [A] occasionally [Ê] Irr.	accroître	1
décrotter *clean* [A] Reg.	donner	30
déculotter qn *remove sb's trousers* [A] Reg.	donner	30
dédaigner *disdain* [A] Reg.	donner	30
dédicacer à *dedicate (book) to* [A] Irr.	commencer	13
dédier à *consecrate to; dedicate to* [A] Reg.	crier	22
dédire *deny* [A] Irr.	*dire	29
dédommager qn de *compensate sb for* [A] Irr.	manger	42
dédouaner qch *clear sth through customs* [A] Reg.	donner	30
dédoubler *unfold* [A] Reg.	donner	30
déduire de *deduce from; deduct from* [A] Irr.	conduire	15
défaillir *become feeble* [A] Irr.	*cueillir	25

défaire *undo* [A] Irr.	faire	34
défavoriser *handicap* [A] Reg.	donner	30
défectionner de/à *defect from/to* [A] Reg.	donner	30
défendre à qn de + INF *forbid sb to* [A] Reg.	vendre	70
déférer à qn *defer to sb* [A] Irr.	préférer	52
déferler *unfurl* [A] Reg.	donner	30
défeuiller *defoliate* [A] Reg.	donner	30
déficeler *untie* [A] Irr.	appeler	5
défier qn à *challenge sb to* [A] Reg.	crier	22
se défier de qn/qch *distrust sb/sth* [Ê] Reg.	crier	22
défigurer *deface* [A] Reg.	donner	30
défiler *march past* [A] Reg.	donner	30
définir *define* [A] Reg.	finir	36
défleurir *shed; remove blossom* [A] Reg.	finir	36
déflorer *deflower* [A] Reg.	donner	30
défoncer *stave in* [A] Irr.	commencer	13
déformer *deform* [A] Reg.	donner	30
défraîchir *fade* [A] Reg.	finir	36
défrayer *defray* [A] Irr.	appuyer	6
défricher *break in (new ground)* [A] Reg.	donner	30
défriser *straighten (hair)* [A] Reg.	donner	30
défroquer *unfrock* [A] Reg.	donner	30
dégager de *release from* [A] Irr.	manger	42
dégainer *unsheathe* [A] Reg.	donner	30
dégarnir *dismantle* [A] Reg.	finir	36
dégeler *thaw* [A] Irr.	acheter	2
dégénérer de *degenerate from* [A] Irr.	préférer	52
dégivrer *de-ice* [A] Reg.	donner	30
déglacer qch *remove ice from sth* [A] Irr.	commencer	13
dégommer *unstick* [A] Reg.	donner	30
dégonfler *deflate* [A] Reg.	donner	30
dégorger *disgorge* [A] Irr.	manger	42

dégouliner *trickle* [A] Reg.	donner	30
dégourdir qch *remove numbness from sth* [A] Reg.	finir	36
dégoûter *disgust* [A] Reg.	donner	30
se dégoûter de qch *grow disgusted with sth* [Ê] Reg.	donner	30
dégoutter de *drip from* [A] Reg.	donner	30
dégrader *degrade* [A] Reg.	donner	30
dégrafer *unfasten* [A] Reg.	donner	30
dégraisser *take the fat from* [A] Reg.	donner	30
dégringoler *tumble down* [A] Reg.	donner	30
dégriser *sober (up)* [A] Reg.	donner	30
dégrossir *rough out* [A] Reg.	finir	36
déguerpir *decamp* [A] Reg.	finir	36
déguiser en *disguise as* [A] Reg.	donner	30
déguster *sample* [A] Reg.	donner	30
déifier *deify* [A] Reg.	crier	22
déjeuner *have breakfast/lunch* [A] Reg.	donner	30
déjoindre *sever* [A] Irr.	craindre	20
déjouer *foil* [A] Reg.	donner	30
délabrer *ruin* [A] Reg.	donner	30
délacer *unlace* [A] Irr.	commencer	13
délaisser *abandon* [A] Reg.	donner	30
délasser *refresh* [A] Reg.	donner	30
se délasser à *relax by* [Ê] Reg.	donner	30
délaver *tone down* [A] Reg.	donner	30
délayer *thin out* [A] Irr.	appuyer	6
se délecter de/à qch *take delight in sth* [Ê] Reg.	donner	30
se délecter à + INF *take delight in . . . ing* [Ê] Reg.	donner	30
déléguer à *delegate to* [A] Irr.	préférer	52
délester qn de *lighten sb of* [A] Reg.	donner	30
délibérer *deliberate* [A] Irr.	préférer	52
délier *untie* [A] Reg.	crier	22
délimiter *demarcate* [A] Reg.	donner	30
délinéer *delineate* [A] Reg.	créer	21

délirer *rave* [A] Reg.	donner	30
délivrer qn de *deliver sb from* [A] Reg.	donner	30
déloger *dislodge* [A] Irr.	manger	42
démancher *dislocate* [A] Reg.	donner	30
demander qn/qch *ask for sb/sth* [A] Reg.	donner	30
demander qch à qn *ask sb for sth* [A] Reg.	donner	30
demander à + INF *ask to* [A] Reg.	donner	30
demander à qn de + INF *ask sb to* [A] Reg.	donner	30
se demander si *wonder whether* [Ê] Reg.	donner	30
démanger *itch* [A] Irr.	*manger	42
démanteler *dismantle* [A] Irr.	acheter	2
se démaquiller *remove one's make-up* [Ê] Reg.	donner	30
démarquer *mark down* [A] Reg.	donner	30
démarrer *move off* [A] Reg.	donner	30
démasquer *unmask* [A] Reg.	donner	30
démêler *disentangle* [A] Reg.	donner	30
démembrer *dismember* [A] Reg.	donner	30
déménager *move house* [A] Irr.	manger	42
se démener *leap about* [Ê] Irr.	acheter	2
démentir *deny* [A] Irr.	partir	48
démettre *dislocate* [A] Irr.	mettre	43
demeurer *remain* [Ê] Reg.	donner	30
demeurer à/dans *live in* [A] Reg.	donner	30
démissionner de *resign from* [A] Reg.	donner	30
démilitariser *demilitarize* [A] Reg.	donner	30
démocratiser *democratize* [A] Reg.	donner	30
se démoder *go out of fashion* [Ê] Reg.	donner	30
démolir *demolish* [A] Reg.	finir	36
démonter *dismantle* [A] Reg.	donner	30
démontrer *demonstrate* [A] Reg.	donner	30
démoraliser *demoralize* [A] Reg.	donner	30

démunir *strip* [A] Reg.		finir	36
se démunir de *part with* [Ê] Reg.		finir	36
dénationaliser *denationalize* [A] Reg.		donner	30
dénaturer *distort* [A] Reg.		donner	30
dénicher *unearth* [A] Reg.		donner	30
dénier *disclaim* [A] Reg.		crier	22
dénigrer *disparage* [A] Reg.		donner	30
déniveler *make uneven* [A] Irr.		appeler	5
dénombrer *enumerate* [A] Reg.		donner	30
dénommer *designate* [A] Reg.		donner	30
dénoncer *denounce* [A] Irr.		commencer	13
dénoter *denote* [A] Reg.		donner	30
dénouer *untie* [A] Reg.		donner	30
dénuder *denude* [A] Reg.		donner	30
dénuer de *divest of* [A] Reg.		donner	30
dépanner *repair (breakdown)* [A] Reg.		donner	30
dépaqueter *unpack* [A] Irr.		jeter	40
dépareiller *break up (a set)* [A] Reg.		donner	30
déparer *mar* [A] Reg.		donner	30
départager *decide between* [A] Irr.		manger	42
départir *distribute* [A] Irr.		partir	48
	(sometimes regular	finir	36)
se départir de *give up* [Ê] Irr.		partir	48
	(sometimes regular	finir	36)
dépasser *go beyond* [A] Reg.		donner	30
dépayser *bewilder* [A] Reg.		donner	30
dépecer *dismember* [A] Irr.		dépecer	27
dépêcher *dispatch* [A] Reg.		donner	30
se dépêcher de + INF *hurry to* [Ê] Reg.		donner	30
dépeindre *depict* [A] Irr.		craindre	20
dépendre de qn/qch *depend on sb/sth* [A] Reg.		vendre	70
dépenser *spend* [A] Reg.		donner	30
dépérir *waste away* [A] Reg.		finir	36
dépersonnaliser *depersonalize* [A] Reg.		donner	30

dépêtrer de *extricate from* [A] Reg.	donner	30
dépeupler *depopulate* [A] Reg.	donner	30
dépister *track down* [A] Reg.	donner	30
dépiter *vex* [A] Reg.	donner	30
déplacer *move* [A] Irr.	commencer	13
déplaire à qn *displease sb* [A] Irr.	plaire	49
déplier *open out* [A] Reg.	crier	22
déplorer *deplore* [A] Reg.	donner	30
déployer *spread out* [A] Irr.	appuyer	6
se déplumer *moult* [Ê] Reg.	donner	30
se dépolir *become dull* [Ê] Reg.	finir	36
déporter *deport* [A] Reg.	donner	30
déposer *deposit* [A] Reg.	donner	30
déposséder de *dispossess of* [A] Irr.	préférer	52
dépouiller de *strip (bare) of* [A] Reg.	donner	30
dépourvoir de *deprive of* [A] Irr.	*voir	74
dépoussiérer *remove the dust from* [A] Irr.	préférer	52
dépraver *deprave* [A] Reg.	donner	30
déprécier *depreciate* [A] Reg.	crier	22
se déprendre *melt; run* [Ê] Irr.	prendre	53
déprimer *depress* [A] Reg.	donner	30
députer *depute* [A] Reg.	donner	30
déraciner de *uproot from* [A] Reg.	donner	30
dérailler *be derailed* [A] Reg.	donner	30
déraisonner *talk nonsense* [A] Reg.	donner	30
déranger *disturb* [A] Irr.	manger	42
déraper *skid* [A] Reg.	donner	30
dérégler *upset* [A] Irr.	préférer	52
se dérider *brighten up* [Ê] Reg.	donner	30
dériver (de) *divert; derive (from)* [A] Reg.	donner	30
dérober à *steal from* [A] Reg.	donner	30
se dérober à *escape* [Ê] Reg.	donner	30
déroger à *derogate from; not conform to* [A] Irr.	manger	42
dérouler *unroll* [A] Reg.	donner	30
dérouter *baffle* [A] Reg.	donner	30

désabuser *disillusion* [A] Reg.	donner	30
se désabuser de *lose one's illusions about* [Ê] Reg.	donner	30
se désaccoutumer de *lose the habit of* [Ê] Reg.	donner	30
désaffecter *cease to use; deconsecrate* [A] Reg.	donner	30
désaltérer qn *quench sb's thirst* [A] Irr.	préférer	52
désamorcer *defuse* [A] Irr.	commencer	13
désapprouver *disapprove* [A] Reg.	donner	30
désarçonner *dumbfound* [A] Reg.	donner	30
désarmer *disarm* [A] Reg.	donner	30
désassocier de *dissociate from* [A] Reg.	crier	22
désavantager *disadvantage* [A] Irr.	manger	42
désavouer *disclaim* [A] Reg.	donner	30
descendre *go down; get down* [Ê] ([A] when transitive) Reg.	vendre	70
descendre + INF *go down and* [Ê] Reg.	vendre	70
descendre de qch *get down from sth; get out of sth* [Ê] ([A] if transitive) Reg.	vendre	70
désemballer *unpack* [A] Reg.	donner	30
désembarquer *disembark* [A] Reg.	donner	30
désemparer *make a break* [A] Reg.	donner	30
désenchanter *disillusion* [A] Reg.	donner	30
désencombrer de *clear of* [A] Reg.	donner	30
désengager de *free from (obligation)* [A] Irr.	manger	42
désennuyer *amuse* [A] Irr.	appuyer	6
désensibiliser *desensitize* [A] Reg.	donner	30
désensorceler *disenchant* [A] Irr.	appeler	5
désenterrer de *exhume from* [A] Reg.	donner	30
déséquilibrer *throw off balance* [A] Reg.	donner	30
déserter *abandon* [A] Reg.	donner	30

désespérer *despair* [A] Irr.	préférer	52
déshabiller *undress* [A] Reg.	donner	30
déshabituer qn de *break sb of the habit of* [A] Reg.	donner	30
déshériter *disinherit* [A] Reg.	donner	30
déshonorer *dishonour* [A] Reg.	donner	30
déshumaniser *dehumanize* [A] Reg.	donner	30
déshydrater *dehydrate* [A] Reg.	donner	30
désigner *point out* [A] Reg.	donner	30
désillusionner *disillusion* [A] Reg.	donner	30
se désinfatuer de *get over one's infatuation for* [É] Reg.	donner	30
désinfecter *disinfect* [A] Reg.	donner	30
se désintégrer *disintegrate* [É] Irr.	préférer	52
se désintéresser de *lose interest in; dissociate oneself from* [É] Reg.	donner	30
désintoxiquer *dry out (drugs; alcohol)* [A] Reg.	donner	30
désirer (+ INF) *want (to)* [A] Reg.	donner	30
se désister (en faveur de) *stand down (for)* [É] Reg.	donner	30
désobéir à qn *disobey sb* [A] Reg.	finir	36
désobliger *offend* [A] Irr.	manger	42
désobstruer *clear (from obstruction)* [A] Reg.	donner	30
désodoriser *deodorize* [A] Reg.	donner	30
désoler *afflict* [A] Reg.	donner	30
désorganiser *disorganize* [A] Reg.	donner	30
désorienter *disorientate* [A] Reg.	donner	30
dessécher *dry up* [A] Irr.	préférer	52
desserrer *loosen* [A] Reg.	donner	30
desservir *serve; provide a service to* [A] Irr.	partir	48
dessiner *draw* [A] Reg.	donner	30
destiner à *destine to* [A] Reg.	donner	30
destituer de *strip of* [A] Reg.	donner	30
désunir *disunite* [A] Reg.	finir	36
détacher de *detach from* [A] Reg.	donner	30

se détacher de *separate from* [Ê] Reg.	donner	30
détailler *itemize* [A] Reg.	donner	30
détecter *detect* [A] Reg.	donner	30
se déteindre *fade* [Ê] Irr.	craindre	20
dételer *unharness* [A] Irr.	appeler	5
détendre *slacken* [A] Reg.	vendre	70
détenir *detain* [A] Irr.	tenir	66
se détériorer *deteriorate* [Ê] Reg.	donner	30
déterminer *determine* [A] Reg.	donner	30
déterminer qn à + INF *induce sb to* [A] Reg.	donner	30
déterrer *dig up* [A] Reg.	donner	30
détester + INF *hate to; detest . . . ing* [A] Reg.	donner	30
détoner *detonate* [A] Reg.	donner	30
détonner *jar* [A] Reg.	donner	30
détordre *untwist* [A] Reg.	vendre	70
détourner de *divert from* [A] Reg.	donner	30
détraquer *put out of order* [A] Reg.	donner	30
détremper *soak; dilute* [A] Reg.	donner	30
détromper de *undeceive about* [A] Reg.	donner	30
détrôner *dethrone* [A] Reg.	donner	30
détrousser *rob* [A] Reg.	donner	30
détruire *destroy* [A] Irr.	conduire	15
dévaler *go down (stream)* [A] Reg.	donner	30
dévaliser *rob* [A] Reg.	donner	30
dévaloriser *devalue* [A] Reg.	donner	30
devancer *precede; anticipate* [A] Irr.	commencer	13
dévaster *devastate* [A] Reg.	donner	30
développer *develop* [A] Reg.	donner	30
devenir *become* [Ê] Irr.	venir	71
déverrouiller *unbolt* [A] Reg.	donner	30
déverser *incline; pour* [A] Reg.	donner	30
dévêtir *undress* [A] Irr.	vêtir	72
dévier de *deviate from* [A] Reg.	crier	22
deviner *guess* [A] Reg.	donner	30
dévisager *stare at* [A] Irr.	manger	42

dévisser *unscrew* [A] Reg.	donner	30
dévitaliser *devitalize* [A] Reg.	donner	30
dévoiler *unveil* [A] Reg.	donner	30
devoir + INF *have to* [A] Irr.	devoir	28
devoir qch à qn *owe sb sth* [A] Irr.	devoir	28
dévorer *devour* [A] Reg.	donner	30
dévouer à *devote to* [A] Reg.	donner	30
diagnostiquer *diagnose* [A] Reg.	donner	30
dialoguer avec *converse with* [A] Reg.	donner	30
dicter à *dictate to* [A] Reg.	donner	30
diffamer *defame* [A] Reg.	donner	30
différencier de/d'avec *differentiate from* [A] Reg.	crier	22
différer *postpone* [A] Irr.	préférer	52
diffuser *diffuse* [A] Reg.	donner	30
digérer *digest* [A] Irr.	préférer	52
digresser *digress* [A] Reg.	donner	30
dilater *dilate* [A] Reg.	donner	30
diluer de *dilute with* [A] Reg.	donner	30
diminuer *lessen* [A] Reg.	donner	30
dîner de *dine on* [A] Reg.	donner	30
dire à qn de + INF *tell sb to* [A] Irr.	dire	29
dire qch à qn *tell sb sth* [A] Irr.	dire	29
diriger *direct* [A] Irr.	manger	42
se diriger vers *make for* [Ê] Irr.	manger	42
discerner *discern* [A] Reg.	donner	30
discipliner *discipline* [A] Reg.	donner	30
disconvenir à *be unsuitable for* [A] Irr.	venir	71
disconvenir de *disagree with* [A] Irr.	venir	71
discourir sur *expatiate on* [A] Irr.	courir	18
discréditer *disparage* [A] Reg.	donner	30
disculper de *exonerate from* [A] Reg.	donner	30
discuter (de) qch *discuss sth* [A] Reg.	donner	30
se disgracier auprès de *fall out of favour with* [Ê] Reg.	crier	22
disjoindre *separate* [A] Irr.	craindre	20

disloquer *dislocate* [A] Reg.	donner	30
disparaître *disappear* [A] Irr.	connaître	16
dispenser de *exempt from* [A] Reg.	donner	30
disperser *disperse* [A] Reg.	donner	30
disposer qch *arrrange sth* [A] Reg.	donner	30
disposer de qch *have sth at one's disposal* [A] Reg.	donner	30
disposer qn à *incline sb to* [A] Reg.	donner	30
se disposer à *get ready to* [Ê] Reg.	donner	30
disputer (de) qch *dispute sth* [A] Reg.	donner	30
se disputer pour *quarrel about* [Ê] Reg.	donner	30
disqualifier *disqualify* [A] Reg.	crier	22
disséminer *disseminate* [A] Reg.	donner	30
disséquer *dissect* [A] Irr.	préférer	52
disserter sur *expatiate on* [A] Reg.	donner	30
dissimuler *dissemble* [A] Reg.	donner	30
dissimuler qch à qn *hide sth from sb* [A] Reg.	donner	30
dissiper *disperse* [A] Reg.	donner	30
dissocier *dissociate* [A] Reg.	crier	22
dissoudre *dissolve* [A] Irr.	*résoudre	57
dissuader de (+ INF) *dissuade from . . . ing* [A] Reg.	donner	30
distancer *outstrip* [A] Irr.	commencer	13
distendre *distend* [A] Reg.	vendre	70
distiller *distil* [A] Reg.	donner	30
distinguer de/d'avec *distinguish from* [A] Reg.	donner	30
distraire *distract* [A] Irr.	traire	67
distribuer *distribute* [A] Reg.	donner	30
divaguer *digress* [A] Reg.	donner	30
diverger de *diverge from* [A] Irr.	manger	42
diversifier *diversify* [A] Reg.	crier	22
divertir de *divert from* [A] Reg.	finir	36
diviser en *divide into* [A] Reg.	donner	30

divorcer d'avec qn *divorce sb* [A] Irr.	commencer	13
divulguer *divulge* [A] Reg.	donner	30
documenter *document* [A] Reg.	donner	30
dogmatiser *dogmatize* [A] Reg.	donner	30
domestiquer *domesticate* [A] Reg.	donner	30
se domicilier à *take up residence at* [Ê] Reg.	crier	22
dominer sur *rule over* [A] Reg.	donner	30
dompter *tame* [A] Reg.	donner	30
donner *give* [A] Reg.	donner	30
donner qch à qn *give sb sth* [A] Reg.	donner	30
doper *dope* [A] Reg.	donner	30
dorer *gild* [A] Reg.	donner	30
dorloter *make a fuss of* [A] Reg.	donner	30
dormir *sleep* [A] Irr.	partir	48
doter de *equip with* [A] Reg.	donner	30
doubler *double* [A] Reg.	donner	30
se doucher *take a shower* [Ê] Reg.	donner	30
douer de *endow with* [A] Reg.	donner	30
douter de qch *doubt sth* [A] Reg.	donner	30
se douter de qch *suspect sth* [Ê] Reg.	donner	30
draguer *dredge (up)* [A] Reg.	donner	30
drainer *drain (off)* [A] Reg.	donner	30
dramatiser *dramatize* [A] Reg.	donner	30
draper *drape* [A] Reg.	donner	30
dresser *erect* [A] Reg.	donner	30
se droguer *take drugs* [Ê] Reg.	donner	30
duper *dupe* [A] Reg.	donner	30
durcir *harden* [A] Reg.	finir	36
durer *last* [A] Reg.	donner	30
dynamiter *dynamite* [A] Reg.	donner	30
ébahir *amaze* [A] Reg.	finir	36
s'ébattre *frolic* [Ê] Irr.	battre	9
ébaubir *flabbergast* [A] Reg.	finir	36
ébaucher *sketch (out)* [A] Reg.	donner	30

éberluer *astound* [A] Reg.		donner	30
éblouir *dazzle* [A] Reg.		finir	36
éborgner *put sb's eye out* [A] Reg.		donner	30
ébouillanter *scald* [A] Reg.		donner	30
s'ébouler *fall in* [Ê] Reg.		donner	30
ébouriffer *tousle* [A] Reg.		donner	30
ébranler *shake* [A] Reg.		donner	30
ébrécher *chip; make a gap in* [A] Irr.		préférer	52
s'ébruiter *become known* [Ê] Reg.		donner	30
écaler *shell* [A] Reg.		donner	30
écarquiller *open wide* [A] Reg.		donner	30
écarter *separate from* [A] Reg.		donner	30
échafauder *build up* [A] Reg.		donner	30
échanger contre/pour *exchange for* [A] Irr.		manger	42
échapper à qch/qn *escape sth/from sb* [A] often [Ê] Reg.		donner	30
échapper de qch *escape from sth* usually [Ê] Reg.		donner	30
s'échapper de qch *escape from sth* [Ê] Reg.		donner	30
écharper *gash* [A] Reg.		donner	30
échauder *scald* [A] Reg.		donner	30
échauffer *overheat* [A] Reg.		donner	30
échelonner *space out* [A] Reg.		donner	30
écheveler *dishevel* [A] Irr.		appeler	5
échoir à qn *fall to sb's lot* usually [Ê] Irr.		*déchoir	26
échouer à *fail in* [A] Reg.		donner	30
éclabousser *spatter* [A] Reg.		donner	30
éclaircir *clear (up)* [A] Reg.		finir	36
éclairer *light* [A] Reg.		donner	30
éclater en *burst into* [A] Reg.		donner	30
éclater de + INF *burst with . . . ing* [A] Reg.		donner	30
éclipser *eclipse* [A] Reg.		donner	30
éclore *hatch* usually [Ê] Irr.		*clore	12
écœurer *sicken* [A] Reg.		donner	30

éconduire *reject* [A] Irr.	conduire	15
économiser sur *save on* [A] Reg.	donner	30
écoper *bail (out)* [A] Reg.	donner	30
écorcer *strip (bark off); peel* [A] Irr.	commencer	13
écorcher *flay; fleece* [A] Reg.	donner	30
écosser *shell (peas, etc.)* [A] Reg.	donner	30
s'écouler de *flow out of* [Ê] Reg.	donner	30
écourter *shorten* [A] Reg.	donner	30
écouter qn/qch *listen to sb/sth* [A] Reg.	donner	30
écouter qn + INF *listen to sb . . . ing* [A] Reg.	donner	30
écraser *crush* [A] Reg.	donner	30
écrémer *skim* [A] Irr.	préférer	52
s'écrier (de) *exclaim; cry out with* [Ê] Reg.	crier	22
écrire *write* [A] Irr.	écrire	31
s'écrouler *collapse* [Ê] Reg.	donner	30
écumer *skim* [A] Reg.	donner	30
édifier *erect; edify* [A] Reg.	crier	22
éditer *publish* [A] Reg.	donner	30
éduquer *bring up* [A] Reg.	donner	30
effacer de *efface from* [A] Irr.	commencer	13
effarer de *frighten with* [A] Reg.	donner	30
effaroucher *startle* [A] Reg.	donner	30
effectuer *effect* [A] Reg.	donner	30
s'effeuiller *lose leaves, petals* [Ê] Reg.	donner	30
s'efflanquer *become thin* [Ê] Reg.	donner	30
effleurer *graze* [A] Reg.	donner	30
effondrer *break open* [A] Reg.	donner	30
s'effondrer *collapse* [Ê] Reg.	donner	30
s'efforcer de *(sometimes à) + INF make every effort to* [Ê] Irr.	commencer	13
effranger *fray* [A] Irr.	manger	42
effrayer par *frighten with* [A] Irr.	appuyer	6
s'effrayer de *be frightened of* [Ê] Irr.	appuyer	6
s'effriter *crumble* [Ê] Reg.	donner	30

égaler *equal* [A] Reg.	donner	30
égaliser *equalize* [A] Reg.	donner	30
égarer *mislead* [A] Reg.	donner	30
s'égarer *get lost* [Ê] Reg.	donner	30
égayer par *enliven with* [A] Irr.	appuyer	6
égorger *butcher* [A] Irr.	manger	42
s'égosiller *bawl* [Ê] Reg.	donner	30
égoutter *drain* [A] Reg.	donner	30
égratigner *scratch* [A] Reg.	donner	30
égrener *pick (off)* [A] Irr.	acheter	2
éjaculer *ejaculate* [A] Reg.	donner	30
éjecter *eject* [A] Reg.	donner	30
élaborer *draw up* [A] Reg.	donner	30
élaguer *prune* [A] Reg.	donner	30
élancer *throb* [A] Irr.	commencer	13
s'élancer sur *rush at* [Ê] Irr.	commencer	13
élargir *widen* [A] Reg.	finir	36
électrifier *electrify* [A] Reg.	crier	22
électriser *electrify (audience, etc.)* [A] Reg.	donner	30
électrocuter *electrocute* [A] Reg.	donner	30
élever *raise* [A] Irr.	acheter	2
éliminer *eliminate* [A] Reg.	donner	30
élire *elect* [A] Irr.	lire	41
éloigner qch de qn/qch *move sth away from sb/sth* [A] Reg.	donner	30
élucider *elucidate* [A] Reg.	donner	30
éluder *elude* [A] Reg.	donner	30
émailler *enamel* [A] Reg.	donner	30
émanciper de *emancipate from* [A] Reg.	donner	30
émaner de *emanate from* [A] Reg.	donner	30
émasculer *emasculate* [A] Reg.	donner	30
emballer *pack (up)* [A] Reg.	donner	30
embarquer sur/dans *embark on; get in* [A] Reg.	donner	30
embarrasser *embarrass* [A] Reg.	donner	30
embaucher *take on* [A] Reg.	donner	30

embaumer *make fragrant; embalm* [A] Reg.	donner	30
embellir de *embellish with* [A] Reg.	finir	36
embêter *annoy* [A] Reg.	donner	30
emboire *coat* [A] Irr.	boire	10
emboîter *can; fit together* [A] Reg.	donner	30
emboucher *blow (trumpet, etc.)* [A] Reg.	donner	30
embourber dans *bog down in* [A] Reg.	donner	30
s'embourgeoiser *become respectable* [Ê] Reg.	donner	30
embouteiller *bottle up* [A] Reg.	donner	30
emboutir *dent* [A] Reg.	finir	36
embraser *scorch* [A] Reg.	donner	30
embrasser *kiss* [A] Reg.	donner	30
embrayer *let into gear* [A] Irr.	appuyer	6
embrouiller *muddle up* [A] Reg.	donner	30
s'embrumer *become misty* [Ê] Reg.	donner	30
embrunir *darken* [A] Reg.	finir	36
émerger de *emerge from* [A] Irr.	manger	42
émerveiller *amaze* [A] Reg.	donner	30
émettre *emit* [A] Irr.	mettre	43
émeuter *rouse up* [A] Reg.	donner	30
émietter *crumble* [A] Reg.	donner	30
émigrer *emigrate* [A] Reg.	donner	30
émincer *shred; slice thinly* [A] Irr.	commencer	13
emmagasiner *store* [A] Reg.	donner	30
emmailloter de *swathe in* [A] Reg.	donner	30
emmêler *mix up* [A] Reg.	donner	30
emménager *install* [A] Irr.	manger	42
emmener de *take (away) from* [A] Irr.	acheter	2
emmerder (*vulgar*) *plague* [A] Reg.	donner	30
emmitoufler de/dans *muffle up in* [A] Reg.	donner	30
emmurer dans *immure in* [A] Reg.	donner	30
émonder *prune* [A] Reg.	donner	30
émotionner *thrill* [A] Reg.	donner	30

émousser *blunt* [A] Reg.	donner	30
émoustiller *exhilarate* [A] Reg.	donner	30
émouvoir *move* [A] Irr.	*mouvoir	46
s'émouvoir de *get excited about* [Ê] Irr.	*mouvoir	46
empailler *stuff* [A] Reg.	donner	30
s'empaler sur *impale oneself on* [Ê] Reg.		30
	donner	
empaqueter *parcel up* [A] Irr.	jeter	40
s'emparer de qch *grab sth* [Ê] Reg.	donner	30
empêcher (de + INF) *prevent (from . . . ing)* [A] Reg.	donner	30
empeser *starch* [A] Irr.	acheter	2
empester de *infect with* [A] Reg.	donner	30
empêtrer dans *entangle in* [A] Reg.	donner	30
empiéter sur *encroach on* [A] Irr.	préférer	52
empiler *pile up* [A] Reg.	donner	30
empirer *worsen* [A] Reg.	donner	30
emplir de *fill (up) with* [A] Reg.	finir	36
employer qch à *use sth for/to* [A] Irr.	appuyer	6
empocher *pocket* [A] Reg.	donner	30
empoigner *grasp* [A] Reg.	donner	30
empoisonner *poison* [A] Reg.	donner	30
emporter *carry away* [A] Reg.	donner	30
s'emporter contre *lose one's temper with* [Ê] Reg.	donner	30
s'empourprer *flush* [Ê] Reg.	donner	30
empreindre de *imprint with* [A] Irr.	craindre	20
s'empresser de + INF *make haste to* [Ê] Reg.	donner	30
s'empresser à + INF *be sedulous in . . . ing* [Ê] Reg.	donner	30
emprisonner *imprison* [A] Reg.	donner	30
emprunter à qn *borrow from sb* [A] Reg.	donner	30
encadrer de *frame with* [A] Reg.	donner	30
encaisser *collect* [A] Reg.	donner	30
encastrer dans *embed in* [A] Reg.	donner	30

enceindre de *surround with* [A] Irr.	craindre	20
encercler *encircle* [A] Reg.	donner	30
enchaîner *chain up* [A] Reg.	donner	30
enchaîner sur *go on to* [A] Reg.	donner	30
enchanter *enchant* [A] Reg.	donner	30
enchâsser *set (jewel)* [A] Reg.	donner	30
enchérir *raise the price of* [A] Reg.	finir	36
enchérir sur *outdo; go one better than* [A] Reg.	finir	36
enchevêtrer dans *entangle in* [A] Reg.	donner	30
enclaver *hem in* [A] Reg.	donner	30
enclore *enclose* [A] Irr.	*clore	12
encoder *encode* [A] Reg.	donner	30
encombrer de *encumber with* [A] Reg.	donner	30
encourager à + INF *encourage to* [A] Irr.	manger	42
encourir *incur* [A] Irr.	courir	18
encrasser *foul (up)* [A] Reg.	donner	30
encrer *ink* [A] Reg.	donner	30
s'encroûter de *become encrusted with* [Ê] Reg.	donner	30
s'endetter *run into debt* [Ê] Reg.	donner	30
endiguer *dam up* [A] Reg.	donner	30
s'endimancher *put on one's Sunday best* [Ê] Reg.	donner	30
endoctriner *indoctrinate* [A] Reg.	donner	30
endommager *damage* [A] Irr.	manger	42
endormir *put to sleep* [A] Irr.	partir	48
s'endormir *fall asleep* [Ê] Irr.	partir	48
endosser *don* [A] Reg.	donner	30
enduire de *coat with* [A] Irr.	conduire	15
endurcir *harden* [A] Reg.	finir	36
endurer *endure* [A] Reg.	donner	30
énerver qn *get on sb's nerves* [A] Reg.	donner	30
enfanter *give birth to* [A] Reg.	donner	30
enfermer dans *shut up in* [A] Reg.	donner	30
s'enfiévrer pour *get excited about* [Ê] Irr.	préférer	52

enfiler *thread* [A] Reg.	donner	30
enflammer de *inflame with* [A] Reg.	donner	30
enfler *swell* [A] Reg.	donner	30
enfoncer *drive in* [A] Irr.	commencer	13
enfouir *bury* [A] Reg.	finir	36
enfourcher *bestride* [A] Reg.	donner	30
enfreindre *transgress* [A] Irr.	craindre	20
s'enfuir de *flee from* [Ê] Irr.	fuir	38
enfumer *fill with smoke* [A] Reg.	donner	30
engager *engage* [A] Irr.	manger	42
s'engager à + INF *undertake to* [Ê] Irr.	manger	42
engendrer *breed* [A] Reg.	donner	30
englober *take in* [A] Reg.	donner	30
engloutir *swallow (up)* [A] Reg.	finir	36
s'engorger de *become choked with* [Ê] Irr.	manger	42
s'engouer de *go crazy over* [Ê] Reg.	donner	30
engouffrer *engulf* [A] Reg.	donner	30
s'engourdir *grow numb* [Ê] Reg.	finir	36
engraisser *fatten* [A] Reg.	donner	30
engranger *get in (corn, etc.)* [A] Irr.	manger	42
engrener *set in motion; engage* [A] Irr.	acheter	2
s'engueuler avec *have a row with* [Ê] Reg.	donner	30
enguirlander de *garland with* [A] Reg.	donner	30
enhardir qn à + INF *embolden sb to* [A] Reg.	finir	36
enivrer de *make drunk with* [A] Reg.	donner	30
enjamber *stride over* [A] Reg.	donner	30
enjoindre à qn de + INF *enjoin sb to* [A] Irr.	craindre	20
enjôler *coax* [A] Reg.	donner	30
enjoliver de *embellish with* [A] Reg.	donner	30
enlacer *entwine* [A] Irr.	commencer	13

enlaidir *make/grow ugly* [A] Reg.	finir	36
enlever à qn *take away from sb* [A] Irr.	acheter	2
enneiger *cover with snow* [A] Irr.	manger	42
ennuyer *annoy* [A] Irr.	appuyer	6
s'ennuyer à/de + INF *be bored with . . . ing* [Ê] Irr.	appuyer	6
énoncer *state* [A] Irr.	commencer	13
s'enorgueillir de *be proud of* [Ê] Reg.	finir	36
s'enquérir de *enquire about* [Ê] Irr.	acquérir	3
enquêter sur *enquire into* [A] Reg.	donner	30
s'enraciner dans *take root in* [Ê] Reg.	donner	30
enrager *enrage* [A] Irr.	manger	42
enrayer *arrest; check* [A] Irr.	appuyer	6
enregistrer *register; record* [A] Reg.	donner	30
s'enrhumer *catch a cold* [Ê] Reg.	donner	30
enrichir *enrich* [A] Reg.	finir	36
enrober de *coat with* [A] Reg.	donner	30
enrôler dans *enrol in* [A] Reg.	donner	30
s'enrouer *get hoarse* [Ê] Reg.	donner	30
enrouler *roll up* [A] Reg.	donner	30
ensabler *silt up* [A] Reg.	donner	30
ensanglanter *stain with blood* [A] Reg.	donner	30
enseigner qch à qn *teach sb sth* [A] Reg.	donner	30
enseigner à qn à + INF *teach sb to* [A] Reg.	donner	30
ensemencer *sow* [A] Irr.	commencer	13
enserrer dans *enclose in* [A] Reg.	donner	30
ensevelir *bury* [A] Reg.	finir	36
ensoleiller *brighten (up)* [A] Reg.	donner	30
ensorceler par *bewitch with* [A] Irr.	appeler	5
s'ensuivre de *ensue from* [Ê] Irr.	*suivre	64
entailler *nick* [A] Reg.	donner	30
entamer qch *cut into sth* [A] Reg.	donner	30
entasser *pile up* [A] Reg.	donner	30

entendre qn + INF *hear sb . . . ing* [A] Reg.	vendre	70
s'entendre sur *agree about* [Ê] Reg.	vendre	70
enterrer *bury* [A] Reg.	donner	30
entêter *intoxicate* [A] Reg.	donner	30
s'entêter à + INF *persist in . . . ing* [Ê] Reg.	donner	30
enthousiasmer qn de qch *fire sb with sth* [A] Reg.	donner	30
s'enticher de qn/qch *become infatuated with sb/sth* [Ê] Reg.	donner	30
entonner *intone* [A] Reg.	donner	30
entortiller qch autour de qch *wind sth around sth* [A] Reg.	donner	30
entourer de *surround with* [A] Reg.	donner	30
s'entraider à + INF *help one another to* [Ê] Reg.	donner	30
entraîner *carry away* [A] Reg.	donner	30
entraver *shackle* [A] Reg.	donner	30
s'entrechoquer *collide* [Ê] Reg.	donner	30
entrecouper *intersect* [A] Reg.	donner	30
entrecroiser *cross* [A] Reg.	donner	30
entrelacer *interweave* [A] Irr.	commencer	13
entremêler *blend* [A] Reg.	donner	30
s'entremettre dans *intervene in* [Ê] Irr.	mettre	43
entreprendre (de + INF) *undertake (to)* [A] Irr.	prendre	53
entrer dans *enter; put in* [Ê] ([A] when transitive) Reg.	donner	30
entrer + INF *go/come in and* [Ê] Reg.	donner	30
entretenir *maintain* [A] Irr.	tenir	66
entrevoir *catch sight of* [A] Irr.	voir	74
entrouvrir *half open* [A] Irr.	couvrir	19
énumérer *enumerate* [A] Irr.	préférer	52
envahir *invade* [A] Reg.	finir	36
envelopper de/dans *envelop in* [A] Reg.	donner	30

envier qch à qn *envy sb sth* [A] Reg.	crier	22
environner de *surround with* [A] Reg.	donner	30
envisager de + INF *intend to* [A] Irr.	manger	42
s'envoler *fly away* [Ê] Reg.	donner	30
envoyer qn + INF *send sb to* [A] Irr.	envoyer	32
envoyer chercher qn/qch *send for sth/sb* [A] Irr.	envoyer	32
épaissir *thicken* [A] Reg.	finir	36
épandre *spread* [A] Reg.	vendre	70
s'épanouir *blossom (out)* [Ê] Reg.	finir	36
épargner *save (up)* [A] Reg.	donner	30
éparpiller *scatter* [A] Reg.	donner	30
épater *astound* [A] Reg.	donner	30
épeler *spell* [A] Irr.	appeler	5
éperonner *spur (on)* [A] Reg.	donner	30
épicer *spice* [A] Irr.	commencer	13
épier qn *spy on sb* [A] Reg.	crier	22
épingler *pin* [A] Reg.	donner	30
éplucher *peel* [A] Reg.	donner	30
éponger *sponge (up)* [A] Irr.	manger	42
s'époumoner *shout oneself out of breath* [Ê] Reg.	donner	30
épouser *marry* [A] Reg.	donner	30
épousseter *dust* [A] Irr.	jeter	40
époustoufler *astound* [A] Reg.	donner	30
épouvanter *terrify* [A] Reg.	donner	30
s'éprendre de *fall in love with* [Ê] Irr.	prendre	53
éprouver *test* [A] Reg.	donner	30
épuiser *exhaust* [A] Reg.	donner	30
épurer de *purify of* [A] Reg.	donner	30
équilibrer *balance* [A] Reg.	donner	30
équiper de *equip with* [A] Reg.	donner	30
équivaloir à *be equivalent to* [A] Irr.	valoir	69
érafler *scuff* [A] Reg.	donner	30
éreinter *exhaust* [A] Reg.	donner	30
ergoter sur *quibble about* [A] Reg.	donner	30

ériger *erect* [A] Irr.	manger	42
éroder *erode* [A] Reg.	donner	30
errer *wander* [A] Reg.	donner	30
escalader *scale* [A] Reg.	donner	30
escamoter *dodge; conceal* [A] Reg.	donner	30
s'esclaffer de + INF *burst out . . . ing* [Ê] Reg.	donner	30
escompter *discount; bank on* [A] Reg.	donner	30
escorter *escort* [A] Reg.	donner	30
escroquer qn *cheat sb* [A] Reg.	donner	30
escroquer qch à qn *cheat sb out of sth* [A] Reg.	donner	30
espacer *space (out)* [A] Irr.	commencer	13
espérer + INF *hope to* [A] Irr.	préférer	52
espionner *spy on* [A] Reg.	donner	30
esquisser *sketch* [A] Reg.	donner	30
esquiver *evade* [A] Reg.	donner	30
essayer de + INF *try to* [A] Irr.	appuyer	6
essayer qch *try sth on* [A] Irr.	appuyer	6
s'essayer à *try one's hand at* [Ê] Irr.	appuyer	6
essorer *spin-dry* [A] Reg.	donner	30
s'essouffler à + INF *get out of breath . . . ing* [Ê] Reg.	donner	30
essuyer *wipe* [A] Irr.	appuyer	6
estimer *estimate at* [A] Reg.	donner	30
estomper *blur* [A] Reg.	donner	30
estropier *cripple* [A] Reg.	crier	22
établir *establish* [A] Reg.	finir	36
étager *terrace; stage* [A] Irr.	manger	42
étaler *spread out* [A] Reg.	donner	30
étalonner *standardize* [A] Reg.	donner	30
étancher *staunch* [A] Reg.	donner	30
étayer *prop* [A] Irr.	appuyer	6
éteindre *put out; turn off* [A] Irr.	craindre	20
étendre *spread* [A] Reg.	vendre	70
éterniser *perpetuate* [A] Reg.	donner	30
éternuer *sneeze* [A] Reg.	donner	30

étinceler de *sparkle with* [A] Irr.	appeler	5
étiqueter *label* [A] Irr.	acheter	2
étirer *draw out* [A] Reg.	donner	30
étoffer *fill out* [A] Reg.	donner	30
étonner *astonish* [A] Reg.	donner	30
s'étonner de + INF *be surprised to* [Ê] Reg.	donner	30
étouffer de *suffocate with* [A] Reg.	donner	30
étourdir *stun* [A] Reg.	finir	36
étrangler *strangle* [A] Reg.	donner	30
être *be* [A] Irr.	être	33
étreindre *embrace* [A] Irr.	craindre	20
étudier *study* [A] Reg.	crier	22
étuver *braise* [A] Reg.	donner	30
évacuer *evacuate* [A] Reg.	donner	30
s'évader de *escape from* [Ê] Reg.	donner	30
évaluer *assess* [A] Reg.	donner	30
évangéliser *evangelize* [A] Reg.	donner	30
s'évanouir *vanish; faint* [Ê] Reg.	finir	36
s'évaporer *evaporate* [Ê] Reg.	donner	30
éveiller *awake* [A] Reg.	donner	30
éventer *air* [A] Reg.	donner	30
éventrer *disembowel* [A] Reg.	donner	30
s'évertuer à (sometimes **pour**) + INF *make every effort to* [Ê] Reg.	donner	30
évider *hollow out* [A] Reg.	donner	30
éviter (de + INF) *avoid (. . . ing)* [A] Reg.	donner	30
évoluer *evolve* [A] Reg.	donner	30
évoquer *evoke* [A] Reg.	donner	30
exagérer *exaggerate* [A] Irr.	préférer	52
exalter *exalt* [A] Reg.	donner	30
examiner *examine* [A] Reg.	donner	30
exaspérer *exasperate* [A] Irr.	préférer	52
s'exaspérer de *lose patience with* [Ê] Irr.	préférer	52
exaucer *fulfil* [A] Irr.	commencer	13
excaver *excavate* [A] Reg.	donner	30
excéder *exceed* [A] Irr.	préférer	52

exceller dans *excel in* [A] Reg.	donner	30
exceller à + INF *excel at . . . ing* [A] Reg.	donner	30
excepter de *exclude from* [A] Reg.	donner	30
exciser *excise* [A] Reg.	donner	30
exciter *excite* [A] Reg.	donner	30
s'exclamer de *exclaim; shout with* [É] Reg.	donner	30
exclure de *exclude from* [A] Irr.	conclure	14
excommunier de *excommunicate from* [A] Reg.	crier	22
excréter *excrete* [A] Irr.	préférer	52
excuser qn auprès de qn *apologise for sb to sb* [A] Reg.	donner	30
excuser qn de + INF *excuse sb for/from . . . ing* [A] Reg.	donner	30
s'excuser de(+ INF) *apologize for (. . . ing)* [É] Reg.	donner	30
exécrer *execrate* [A] Irr.	préférer	52
exécuter *execute* [A] Reg.	donner	30
exemplifier *exemplify* [A] Reg.	crier	22
exempter qn de *exempt sb from* [A] Reg.	donner	30
exercer *exercise* [A] Irr.	commencer	13
s'exercer à (+ INF) *practise (. . . ing)* [É] Irr.	commencer	13
exhaler *breathe (out)* [A] Reg.	donner	30
exhiber *show (off)* [A] Reg.	donner	30
exhorter à *exhort to* [A] Reg.	donner	30
exhumer *exhume* [A] Reg.	donner	30
exiger *demand* [A] Irr.	manger	42
exiler de *exile from* [A] Reg.	donner	30
exister *exist* [A] Reg.	donner	30
exonérer de *exonerate from* [A] Irr.	préférer	52
exorciser *exorcise* [A] Reg.	donner	30
s'expatrier *settle abroad* [É] Reg.	crier	22
expédier *dispatch* [A] Reg.	crier	22
expérimenter *test* [A] Reg.	donner	30
expier *atone for* [A] Reg.	crier	22

expirer *expire* [A] Reg.	donner	30
expliquer *explain* [A] Reg.	donner	30
exploiter *operate; exploit* [A] Reg.	donner	30
explorer *explore* [A] Reg.	donner	30
exploser *explode* [A] Reg.	donner	30
exporter *export* [A] Reg.	donner	30
exposer à *expose to; exhibit* [A] Reg.	donner	30
exprimer *express* [A] Reg.	donner	30
exproprier *expropriate* [A] Reg.	crier	22
expulser de *expel from* [A] Reg.	donner	30
expurger *expurgate* [A] Irr.	manger	42
s'extasier sur *go into raptures over* [Ê] Reg.	crier	22
exténuer *exhaust* [A] Reg.	donner	30
extérioriser *exteriorize* [A] Reg.	donner	30
exterminer *exterminate* [A] Reg.	donner	30
extirper de *root out from* [A] Reg.	donner	30
extorquer à *extort from* [A] Reg.	donner	30
extraire de *extract from* [A] Irr.	traire	67
extrapoler *extrapolate* [A] Reg.	donner	30
extravaguer *rave* [A] Reg.	donner	30
exulter *exult* [A] Reg.	donner	30
fabriquer *manufacture* [A] Reg.	donner	30
fâcher *annoy* [A] Reg.	donner	30
se fâcher de qch *be annoyed about sth* [Ê] Reg.	donner	30
se fâcher contre qn *be annoyed with sb* [Ê] Reg.	donner	30
faciliter *facilitate* [A] Reg.	donner	30
façonner *fashion* [A] Reg.	donner	30
faiblir *weaken* [A] Reg.	finir	36
faillir à *fail in* [A] Irr.	*finir	36
faillir + INF *almost do sth* [A] Irr.	*finir	36
faire + INF *make; have (done)* [A] Irr.	faire	34
faire semblant de + INF *pretend to* [A] Irr.	faire	34

se faire *become* [Ê] Irr.	faire	34
se faire à *get used to* [Ê] Irr.	faire	34
falloir + INF (il faut, etc.) *must* [A] Irr.	falloir	35
falsifier *falsify* [A] Reg.	crier	22
familiariser à/avec *familiarize with* [A] Reg.	donner	30
se faner [Ê] Reg. *wilt*	donner	30
fanfaronner *swagger* [A] Reg.	donner	30
farcir de *stuff with* [A] Reg.	finir	36
farder *put make-up on; disguise* [A] Reg.	donner	30
farfouiller dans *rummage in* [A] Reg.	donner	30
fariner *dust with flour* [A] Reg.	donner	30
fasciner *fascinate* [A] Reg.	donner	30
fatiguer *tire* [A] Reg.	donner	30
se fatiguer de qch *get tired of sth* [Ê] Reg.	donner	30
se fatiguer à + INF *tire oneself out . . . ing* [Ê] Reg.	donner	30
faucher *mow (down)* [A] Reg.	donner	30
se faufiler dans *slip into* [Ê] Reg.	donner	30
fausser *falsify* [A] Reg.	donner	30
favoriser *favour* [A] Reg.	donner	30
fédérer *federate* [A] Irr.	préférer	52
feindre de + INF *pretend to* [A] Irr.	craindre	20
fêler *crack* [A] Reg.	donner	30
féliciter qn de qch *congratulate sb on sth* [A] Reg.	donner	30
fendre *split* [A] Reg.	vendre	70
fermenter *ferment* [A] Reg.	donner	30
fermer *close* [A] Reg.	donner	30
ferrer *shoe* [A] Reg.	donner	30
fertiliser *fertilize* [A] Reg.	donner	30
fesser *spank* [A] Reg.	donner	30
fêter *celebrate* [A] Reg.	donner	30
feuilleter *leaf through* [A] Irr.	acheter	2
fiancer *promise in marriage* [A] Irr.	commencer	13

se fiancer à/avec *get engaged to* [Ê] Irr.	commencer	13
ficeler *tie up* [A] Irr.	appeler	5
ficher *drive in* [A] Reg.	donner	30
se ficher de *make fun of* [Ê] Irr.	*donner	30
se fier à qn *trust sb* [Ê] Reg.	crier	22
figer *solidify* [A] Irr.	manger	42
figurer *represent* [A] Reg.	donner	30
se figurer qch *imagine sth* [Ê] Reg.	donner	30
filer *spin; slip past* [A] Reg.	donner	30
fileter *fillet* [A] Irr.	acheter	2
filmer *film* [A] Reg.	donner	30
filtrer *filter* [A] Reg.	donner	30
financer *finance* [A] Irr.	commencer	13
finir *finish* [A] Reg.	finir	36
finir de + INF *finish . . . ing* [A] Reg.	finir	36
finir par + INF *end by . . . ing* [A] Reg.	finir	36
fixer *fix* [A] Reg.	donner	30
flairer *scent* [A] Reg.	donner	30
flamber *flame* [A] Reg.	donner	30
flamboyer *blaze* [A] Irr.	appuyer	6
flancher *flinch* [A] Reg.	donner	30
flâner *stroll* [A] Reg.	donner	30
flanquer *flank; slam* [A] Reg.	donner	30
flatter de *stroke; flatter with* [A] Reg.	donner	30
fléchir *bend* [A] Reg.	finir	36
flétrir *stain; blight* [A] Reg.	finir	36
se flétrir *fade; wither* [Ê] Reg.	finir'	36
fleurer qch *smell sth; smell of sth* [A] Reg.	donner	30
fleurir *flower* [A] Irr.	*finir	36
flirter *flirt* [A] Reg.	donner	30
flotter *float* [A] Reg.	donner	30
fluctuer *fluctuate* [A] Reg.	donner	30
foisonner de/en *abound with* [A] Reg.	donner	30

fomenter *stir up* [A] Reg.	donner	30
foncer sur *charge at* [A] Irr.	commencer	13
fonctionner *function* [A] Reg.	donner	30
fonder *found* [A] Reg.	donner	30
fondre *melt* [A] Reg.	vendre	70
forcer à + INF *force to* [A] Irr.	commencer	13
forclore *foreclose* Irr.	clore	12
forer *drill* [A] Reg.	donner	30
forfaire à *fail in* [A] Irr.	*faire	34
forger *forge* [A] Irr.	manger	42
formaliser *formalize* [A] Reg.	donner	30
se formaliser de *take offence at* [Ê] Reg.	donner	30
former *form* [A] Reg.	donner	30
formuler *formulate* [A] Reg.	donner	30
forniquer *fornicate* [A] Reg.	donner	30
fortifier *fortify* [A] Reg.	crier	22
se fossiliser *become fossilized* [Ê] Reg.	donner	30
foudroyer *blast* [A] Irr.	appuyer	6
fouetter *whip* [A] Reg.	donner	30
fouiller *excavate; ransack* [A] Reg.	donner	30
fouler *press; wrench* [A] Reg.	donner	30
fourbir *polish up* [A] Reg.	finir	36
fourcher *fork* [A] Reg.	donner	30
fourmiller de *swarm with* [A] Reg.	donner	30
fournir qch à qn (qn de qch) *supply sb sth* [A] Reg.	finir	36
fourrer de *stuff with* [A] Reg.	donner	30
fourvoyer *mislead* [A] Irr.	appuyer	6
foutre (vulgar) *chuck; do* [A] Irr.	foutre	37
se foutre de (vulgar) *not care a damn about* [Ê] Irr.	foutre	37
fracasser *smash* [A] Reg.	donner	30
fractionner *split (up)* [A] Reg.	donner	30
fracturer *fracture* [A] Reg.	donner	30
fragmenter *split up* [A] Reg.	donner	30
fraîchir *grow cooler* [A] Reg.	finir	36
franchir *clear; cross* [A] Reg.	finir	36

franger de *fringe with* [A] Irr.	manger	42
frapper *hit* [A] Reg.	donner	30
fraterniser avec *fraternize with* [A] Reg.	donner	30
frauder qn *cheat sb* [A] Reg.	donner	30
frayer *scrape; clear* [A] Irr.	appuyer	6
fredonner *hum* [A] Reg.	donner	30
freiner *brake* [A] Reg.	donner	30
frémir *quiver* [A] Reg.	finir	36
fréquenter *frequent* [A] Reg.	donner	30
frétiller *wriggle* [A] Reg.	donner	30
fricoter *cook (up)* [A] Reg.	donner	30
frictionner *rub* [A] Reg.	donner	30
frigorifier *refrigerate* [A] Reg.	crier	22
frire *fry* [A] Irr.	*rire	58
friser *curl* [A] Reg.	donner	30
frissonner de *shiver with* [A] Reg.	donner	30
froisser *crumple; offend* [A] Reg.	donner	30
se froisser de *take offence at* [È] Reg.	donner	30
frôler qch/qn *brush (against) sth/sb* [A] Reg.	donner	30
froncer *wrinkle* [A] Irr.	commencer	13
fronder (contre) qn *criticize sb* [A] Reg.	donner	30
frotter contre *rub against* [A] Reg.	donner	30
se frotter à *mix with* [È] Reg.	donner	30
froufrouter *swish* [A] Reg.	donner	30
fructifier *bear fruit* [A] Reg.	crier	22
frustrer *frustrate* [A] Reg.	donner	30
frustrer qn de qch *defraud sb of sth* [A] Reg.	donner	30
fuir devant *flee from* [A] Irr.	fuir	38
fulminer contre *fulminate against* [A] Reg.	donner	30
fumer *smoke* [A] Reg.	donner	30
fumiger *fumigate* [A] Irr.	manger	42
fureter dans *ferret in* [A] Irr.	jeter	40
fuser *melt; run* [A] Reg.	donner	30

fusiller *shoot* [A] Reg.	donner	30
fusionner *combine* [A] Reg.	donner	30
gâcher *spoil* [A] Reg.	donner	30
gagner *earn* [A] Reg.	donner	30
gainer *sheathe* [A] Reg.	donner	30
galoper *gallop* [A] Reg.	donner	30
galvaniser *galvanize* [A] Reg.	donner	30
gambader *gambol* [A] Reg.	donner	30
garantir *guarantee* [A] Reg.	finir	36
garder *keep* [A] Reg.	donner	30
se garder de + INF *be careful not to* [É] Reg.	donner	30
garer *park* [A] Reg.	donner	30
se gargariser *gargle* [É] Reg.	donner	30
gargouiller *gurgle* [A] Reg.	donner	30
garnir de *provide with* [A] Reg.	finir	36
garrotter *garotte; tie down* [A] Reg.	donner	30
gaspiller *waste* [A] Reg.	donner	30
gâter *spoil* [A] Reg.	donner	30
gauchir *warp; buckle* [A] Reg.	finir	36
gaver de *cram with* [A] Reg.	donner	30
gazer *gas* [A] Reg.	donner	30
gazouiller *twitter* [A] Reg.	donner	30
geindre *whine* [A] Irr.	craindre	20
geler *freeze* [A] Irr.	acheter	2
gémir de *groan with* [A] Reg.	finir	36
gêner *hinder* [A] Reg.	donner	30
gêner de + INF *inconvenience to* [A] Reg.	donner	30
généraliser *generalize* [A] Reg.	donner	30
générer *generate* [A] Irr.	préférer	52
gercer *crack* [A] Irr.	commencer	13
gérer *manage* [A] Irr.	préférer	52
germer *germinate* [A] Reg.	donner	30
gésir *lie* Irr.	*lire	41
gesticuler *gesticulate* [A] Reg.	donner	30
gicler *squirt* [A] Reg.	donner	30
gifler *slap someone's face* [A] Reg.	donner	30

givrer *ice up* [A] Reg.	donner	30
glacer *freeze* [A] Irr.	commencer	13
glaner *glean* [A] Reg.	donner	30
glapir *yelp* [A] Reg.	finir	36
glisser *slip* [A] Reg.	donner	30
glorifier *glorify* [A] Reg.	crier	22
glouglouter *gurgle* [A] Reg.	donner	30
glousser *chuckle* [A] Reg.	donner	30
gober *gulp down* [A] Reg.	donner	30
goguenarder *jeer* [A] Reg.	donner	30
gommer *gum; erase* [A] Reg.	donner	30
gondoler *buckle* [A] Reg.	donner	30
gonfler *inflate* [A] Reg.	donner	30
gorger de *gorge with* [A] Irr.	manger	42
goudronner *tar* [A] Reg.	donner	30
goûter qch *taste sth* [A] Reg.	donner	30
goûter à qch *taste (= try) sth* [A] Reg.	donner	30
goûter de qch *eat/drink sth for the first time* [A] Reg.	donner	30
goutter *drip* [A] Reg.	donner	30
gouverner *govern; steer* [A] Reg.	donner	30
gracier *reprieve* [A] Reg.	crier	22
graisser *grease* [A] Reg.	donner	30
grandir *grow (up, tall)* [A] Reg.	finir	36
gratifier qn de qch *present sb with sth* [A] Reg.	crier	22
gratter *scratch* [A] Reg.	donner	30
graver *engrave* [A] Reg.	donner	30
gravir sur *climb on* [A] Reg.	finir	36
graviter vers/autour de *gravitate towards; revolve around* [A] Reg.	donner	30
greffer sur *graft on to* [A] Reg.	donner	30
grêler *hail* [A] Reg.	donner	30
grelotter de *shiver with* [A] Reg.	donner	30
grésiller *sleet; sizzle* [A] Reg.	donner	30
gribouiller *scribble* [A] Reg.	donner	30
griffer *scratch* [A] Reg.	donner	30
griffonner *scrawl* [A] Reg.	donner	30

grignoter *nibble* [A] Reg.	donner	30
griller *grill* [A] Reg.	donner	30
grimacer *grimace* [A] Irr.	commencer	13
se grimer *put on make-up* [Ê] Reg.	donner	30
grimper à *climb up* [A] Reg.	donner	30
grincer *grind* [A] Irr.	commencer	13
griser *paint grey; make tipsy* [A] Reg.	donner	30
grisonner *grow grey (hair)* [A] Reg.	donner	30
grogner *grouse* [A] Reg.	donner	30
grommeler *grumble* [A] Irr.	appeler	5
gronder *scold* [A] Reg.	donner	30
grossir *enlarge* [A] Reg.	finir	36
grouiller de *swarm with* [A] Reg.	donner	30
grouper *group* [A] Reg.	donner	30
se grumeler *curdle* [Ê] Irr.	appeler	5
guérir de *cure of* [A] Reg.	finir	36
guerroyer contre *wage war against* [A] Irr.	appuyer	6
guetter qn *lie in wait for sb* [A] Reg.	donner	30
gueuler *bawl* [A] Reg.	donner	30
guider *guide* [A] Reg.	donner	30
guillotiner *guillotine* [A] Reg.	donner	30
guirlander de *garland with* [A] Reg.	donner	30
'habiller *dress* [A] Reg.	donner	30
s'habiller de *dress (oneself) in* [Ê] Reg.	donner	30
'habiter (+ a place) *live in* [A] Reg.	donner	30
'habiter à *live at* [A] Reg.	donner	30
'habituer qn à (+ INF) *get sb used to (. . . ing)* [A] Reg.	donner	30
s'habituer à (+ INF) *get used to (. . . ing)* [Ê] Reg.	donner	30
hacher *chop up* [A] Reg.	donner	30
haïr *hate* [A] Irr.	haïr	39
haler *haul* [A] Reg.	donner	30
hâler *tan* [A] Reg.	donner	30
haleter *pant* [A] Irr.	acheter	2

handicaper *handicap* [A] Reg.	donner	30
hanter *haunt* [A] Reg.	donner	30
happer *snatch (up)* [A] Reg.	donner	30
haranguer *harangue* [A] Reg.	donner	30
harceler *harass* [A] Irr.	appeler	5
'harmoniser *harmonize* [A] Reg.	donner	30
s'harmoniser avec *go with* [Ê] Reg.	donner	30
harnacher *harness* [A] Reg.	donner	30
harponner *harpoon* [A] Reg.	donner	30
hasarder *risk* [A] Reg.	donner	30
se hasarder à + INF *venture to* [Ê] Reg.	donner	30
hâter *hasten* [A] Reg.	donner	30
se hâter de + INF *lose no time*		
... *ing* [Ê] Reg.	donner	30
hausser *raise* [A] Reg.	donner	30
'héberger *lodge* [A] Irr.	manger	42
'hébéter *daze* [A] Irr.	préférer	52
héler *hail* [A] Irr.	préférer	52
hennir *neigh* [A] Reg.	finir	36
'hérisser *bristle (up)* [A] Reg.	donner	30
'hériter de qch *inherit sth* [A] Reg.	donner	30
'hériter qch de qn *inherit sth from*		
sb [A] Reg.	donner	30
'hésiter à + INF *hesitate to* [A] Reg.	donner	30
heurter qch *knock against sth* [A]		
Reg.	donner	30
se heurter à/contre qn *run into sb*		
[Ê] Reg.	donner	30
'hiberner *hibernate* [A] Reg.	donner	30
hisser *hoist* [A] Reg.	donner	30
hocher *shake* [A] Reg.	donner	30
homologuer *authorize* [A] Reg.	donner	30
'honorer qn de qch *honour sb with*		
sth [A] Reg.	donner	30
hoqueter *hiccup* [A] Irr.	jeter	40
'horrifier *horrify* [A] Reg.	crier	22
'horripiler *exasperate* [A] Reg.	donner	30
'hospitaliser *hospitalize* [A] Reg.	donner	30

huer *hoot; boo* [A] Reg.	donner	30
'huiler *oil* [A] Reg.	donner	30
'humaniser *humanize* [A] Reg.	donner	30
'humecter *moisten* [A] Reg.	donner	30
humer *inhale* [A] Reg.	donner	30
'humidifier *humidify* [A] Reg.	crier	22
'humilier *humiliate* [A] Reg.	crier	22
hurler de *howl with* [A] Reg.	donner	30
'hypnotiser *hypnotize* [A] Reg.	donner	30
'hypothéquer *mortgage* [A] Irr.	préférer	52
idéaliser *idealize* [A] Reg.	donner	30
identifier *identify* [A] Reg.	crier	22
s'identifier à *identify oneself with* [É] Reg.	crier	22
idolâtrer *idolize* [A] Reg.	donner	30
ignorer qch *not know sth* [A] Reg.	donner	30
illuminer de *illuminate with* [A] Reg.	donner	30
s'illusionner *deceive oneself* [É] Reg.	donner	30
illustrer *illustrate* [A] Reg.	donner	30
imaginer *imagine* [A] Reg.	donner	30
s'imaginer *delude oneself* [É] Reg.	donner	30
imbiber qch de qch *soak sth in sth* [A] Reg.	donner	30
s'imbriquer *overlap* [É] Reg.	donner	30
imiter *imitate* [A] Reg.	donner	30
immatriculer *register* [A] Reg.	donner	30
immerger *immerse* [A] Irr.	manger	42
immigrer *immigrate* [A] Reg.	donner	30
immiscer *involve* [A] Irr.	commencer	13
immobiliser *immobilize* [A] Reg.	donner	30
immoler *immolate* [A] Reg.	donner	30
immortaliser *immortalize* [A] Reg.	donner	30
immuniser *immunize* [A] Reg.	donner	30
impartir *grant* [A] Irr.	*finir	36
impatienter *provoke* [A] Reg.	donner	30
s'impatienter de qn *be impatient with sb* [É] Reg.	donner	30

s'impatienter de + INF *be impatient to* [Ê] Reg.	donner	30
implanter *implant* [A] Reg.	donner	30
impliquer *imply; implicate* [A] Reg.	donner	30
implorer *implore* [A] Reg.	donner	30
imploser *implode* [A] Reg.	donner	30
importer *import* [A] Reg.	donner	30
importer de + INF (**il/ils** forms only) *be important to* [A] Reg.	donner	30
importuner *pester* [A] Reg.	donner	30
imposer qch à qn *impose sth on sb* [A] Reg.	donner	30
imprégner de *impregnate with* [A] Irr.	préférer	52
impressionner de *impress with* [A] Reg.	donner	30
imprimer *print* [A] Reg.	donner	30
improviser *improvise* [A] Reg.	donner	30
imputer à *impute to* [A] Reg.	donner	30
inaugurer *inaugurate* [A] Reg.	donner	30
incapaciter *incapacitate* [A] Reg.	donner	30
incarcérer *imprison* [A] Irr.	préférer	52
incarner *embody* [A] Reg.	donner	30
incendier *set fire to* [A] Reg.	crier	22
incinérer *incinerate* [A] Irr.	préférer	52
inciser *incise* [A] Reg.	donner	30
inciter qn à *urge sb on to* [A] Reg.	donner	30
incliner *incline* [A] Reg.	donner	30
incliner qn à + INF *persuade sb to* [A] Reg.	donner	30
inclure *enclose* [A] Irr.	*conclure	14
incomber à qn de + INF (only **il/ils** forms) *be incumbent on* [A] Reg.	donner	30
incommoder qn de + INF *inconvenience sb to* [A] Reg.	donner	30
incorporer à *incorporate in* [A] Reg.	donner	30
incruster de *encrust with* [A] Reg.	donner	30
incuber *incubate* [A] Reg.	donner	30

inculper de *charge with* [A] Reg.	donner	30
inculquer à *instil into* [A] Reg.	donner	30
indemniser de *indemnify for* [A] Reg.	donner	30
indexer *index* [A] Reg.	donner	30
s'indigner de *be indignant at* [Ê] Reg.	donner	30
indiquer *indicate* [A] Reg.	donner	30
indisposer *upset* [A] Reg.	donner	30
individualiser *individualize* [A] Reg.	donner	30
induire qn à + INF *induce sb to* [A] Irr.	conduire	15
industrialiser *industrialize* [A] Reg.	donner	30
infecter de *infect with* [A] Reg.	donner	30
inférer de *infer from* [A] Irr.	préférer	52
infester de *infest with* [A] Reg.	donner	30
infiltrer dans *infiltrate into* [A] Reg.	donner	30
infliger à *inflict on* [A] Irr.	manger	42
influencer *influence* [A] Irr.	commencer	13
influer sur *influence* [A] Reg.	donner	30
informatiser *computerize* [A] Reg.	donner	30
informer qn de qch *inform sb of sth* [A] Reg.	donner	30
s'informer de *enquire about* [Ê] Reg.	donner	30
infuser *infuse* [A] Reg.	donner	30
s'ingénier à + INF *strive to* [Ê] Reg.	crier	22
ingérer *ingest* [A] Irr.	préférer	52
s'ingérer dans *interfere in* [Ê] Irr.	préférer	52
ingurgiter *gulp down* [A] Reg.	donner	30
inhaler *inhale* [A] Reg.	donner	30
inhumer *bury* [A] Reg.	donner	30
initier à *initiate into* [A] Reg.	crier	22
injecter *inject* [A] Reg.	donner	30
injurier *abuse* [A] Reg.	crier	22
innover *innovate* [A] Reg.	donner	30
inoculer qch à qn *inoculate sb with sth* [A] Reg.	donner	30

inonder *flood* [A] Reg.	donner	30
inquiéter *worry* [A] Irr.	préférer	52
s'inquiéter de *worry (oneself)*		
about [Ê] Irr.	préférer	52
inscrire *inscribe* [A] Irr.	écrire	31
inséminer *inseminate* [A] Reg.	donner	30
insérer dans *insert into* [A] Irr.	préférer	52
insinuer *insinuate* [A] Reg.	donner	30
insister sur *insist on* [A] Reg.	donner	30
insonoriser *sound-proof* [A] Reg.	donner	30
inspecter *inspect* [A] Reg.	donner	30
inspirer qch à qn *inspire sb with sth*		
[A] Reg.	donner	30
installer *install* [A] Reg.	donner	30
instaurer *found* [A] Reg.	donner	30
instiller *instil* [A] Reg.	donner	30
instituer *institute* [A] Reg.	donner	30
institutionnaliser *institutionalize* [A]		
Reg.	donner	30
instruire qn à + INF/de qch *instruct;*		
inform sb how to/of [A] Irr.	conduire	15
insuffler qch à qn *inspire sb with sth*		
[A] Reg.	donner	30
insulter *insult* [A] Reg.	donner	30
s'insurger contre *revolt against* [Ê]		
Irr.	manger	42
intégrer à/dans *integrate into* [A] Irr.	préférer	52
intellectualiser *intellectualize* [A]		
Reg.	donner	30
intensifier *intensify* [A] Reg.	crier	22
intercaler dans *interpolate into* [A]		
Reg.	donner	30
intercéder auprès de *intercede with*		
[A] Irr.	préférer	52
intercepter *intercept* [A] Reg.	donner	30
interdire qch à qn *forbid sb sth* [A]		
Irr.	*dire	29
interdire à qn de + INF *forbid sb to*		
[A] Irr.	*dire	29

intéresser à *interest in* [A] Reg.	donner	30
s'intéresser à qch/qn *be interested in sth/sb* [È] Reg.	donner	30
s'intéresser à + INF *be interested in . . . ing* [È] Reg.	donner	30
intérioriser *interiorize* [A] Reg.	donner	30
interloquer *nonplus* [A] Reg.	donner	30
interner *intern* [A] Reg.	donner	30
interpeller *accost* [A] Reg.	donner	30
s'interpénétrer *be interdependent* [È] Irr.	préférer	52
interpoler *interpolate* [A] Reg.	donner	30
interposer entre *interpose between* [A] Reg.	donner	30
interpréter *interpret* [A] Irr.	préférer	52
interroger *interrogate* [A] Irr.	manger	42
interrompre *interrupt* [A] Irr.	rompre	59
intersecter *intersect* [A] Reg.	donner	30
intervenir dans *intervene in* [È] Irr.	venir	71
interviewer *interview* [A] Reg.	donner	30
intimer qch à qn *give sb notice of sth* [A] Reg.	donner	30
intimider par *intimidate by* [A] Reg.	donner	30
intituler *(en)title* [A] Reg.	donner	30
intoxiquer *poison* [A] Reg.	donner	30
intriguer *intrigue* [A] Reg.	donner	30
introduire dans *introduce into* [A] Irr.	conduire	15
invalider *invalidate* [A] Reg.	donner	30
invectiver contre *rail at* [A] Reg.	donner	30
inventer *invent* [A] Reg.	donner	30
inventorier *inventory* [A] Reg.	crier	22
inverser *invert; reverse* [A] Reg.	donner	30
invertir *invert; reverse* [A] Reg.	finir	36
investir qch *invest sth* [A] Reg.	finir	36
investir qn de qch *invest sb with sth* [A] Reg.	finir	36
inviter à + INF *invite to* [A] Reg.	donner	30

invoquer *invoke* [A] Reg.	donner	30
ironiser sur *speak ironically about* [A] Reg.	donner	30
irriguer *irrigate* [A] Reg.	donner	30
irriter *irritate* [A] Reg.	donner	30
s'irriter de qch/contre qn *grow angry at sth/with sb* [Ê] Reg.	donner	30
isoler de *isolate from* [A] Reg.	donner	30
jacasser *chatter* [A] Reg.	donner	30
jaillir *spurt* [A] Reg.	finir	36
jalouser *envy* [A] Reg.	donner	30
japper *yap* [A] Reg.	donner	30
jardiner *garden* [A] Reg.	donner	30
jaser de *chatter about* [A] Reg.	donner	30
jauger *measure* [A] Irr.	manger	42
jaunir *turn yellow* [A] Reg.	finir	36
jeter *throw* [A] Irr.	jeter	40
jeûner *fast* [A] Reg.	donner	30
jogger *jog* [A] Reg.	donner	30
joindre *join* [A] Irr.	craindre	20
se joindre à qn pour + INF *join sb in* . . . *ing* [Ê] Irr.	craindre	20
joncher *strew* [A] Reg.	donner	30
jongler *juggle* [A] Reg.	donner	30
jouer à qch *play (a game)* [A] Reg.	donner	30
jouer de qch *play (an instrument)* [A] Reg.	donner	30
se jouer de qn *trifle with sb* [Ê] Reg.	donner	30
jouir de qch *enjoy sth* [A] Reg.	finir	36
jouter avec *joust, cross swords with* [A] Reg.	donner	30
jucher sur *perch on* [A] Reg.	donner	30
juger sur *judge by* [A] Irr.	manger	42
jumeler avec *twin with* [A] Irr.	appeler	5
jurer de + INF *swear to* [A] Reg.	donner	30
justifier *justify* [A] Reg.	crier	22
juxtaposer *juxtapose* [A] Reg.	donner	30

kidnapper *kidnap* [A] Reg.	donner	30
klaxonner *hoot; sound horn* [A] Reg.	donner	30
labourer *till; plough* [A] Reg.	donner	30
lacer *lace (up)* [A] Irr.	commencer	13
lacérer *lacerate* [A] Irr.	préférer	52
lâcher *release* [A] Reg.	donner	30
laisser + INF *let* [A] Reg.	donner	30
laisser qch à qn *leave sb sth* [A] Reg.	donner	30
se lamenter de/sur qch *regret sth* [Ê] Reg.	donner	30
laminer *laminate* [A] Reg.	donner	30
lancer *throw* [A] Irr.	commencer	13
lanciner *throb* [A] Reg.	donner	30
languir *languish* [A] Reg.	finir	36
laper *lap (up)* [A] Reg.	donner	30
laquer *lacquer* [A] Reg.	donner	30
larder de *lard with* [A] Reg.	donner	30
larguer *cast off* [A] Reg.	donner	30
larmoyer *snivel* [A] Irr.	appuyer	6
lasser *tire* [A] Reg.	donner	30
se lasser de *get tired of* [Ê] Reg.	donner	30
laver *wash* [A] Reg.	donner	30
lécher *lick* [A] Irr.	préférer	52
légaliser *legalize* [A] Reg.	donner	30
légiférer sur *legislate on* [A] Irr.	préférer	52
légitimer *legitimate* [A] Reg.	donner	30
léguer à *bequeath to* [A] Irr.	préférer	52
léser *wrong* [A] Irr.	préférer	52
lésiner sur *haggle over; skimp on* [A] Reg.	donner	30
lester *ballast* [A] Reg.	donner	30
leurrer *decoy* [A] Reg.	donner	30
lever *lift* [A] Irr.	acheter	2
libéraliser *liberalize* [A] Reg.	donner	30
libérer de *free from* [A] Irr.	préférer	52
licencier *discharge* [A] Reg.	crier	22

lier *tie (up)* [A] Reg.	crier	22
ligoter *lash (together)* [A] Reg.	donner	30
se liguer avec/contre *gang up with/*		
against [Ê] Reg.	donner	30
limer *file* [A] Reg.	donner	30
limiter à *limit to* [A] Reg.	donner	30
liquider *liquidate* [A] Reg.	donner	30
lire *read* [A] Irr.	lire	41
lisser *smooth* [A] Reg.	donner	30
livrer à *deliver to* [A] Reg.	donner	30
localiser *localize* [A] Reg.	donner	30
loger *house* [A] Irr.	manger	42
longer *skirt* [A] Irr.	manger	42
lorgner *ogle* [A] Reg.	donner	30
lotir qn de qch *allot sth to sb* [A]		
Reg.	finir	36
loucher *squint* [A] Reg.	donner	30
louer à *hire (out) to* [A] Reg.	donner	30
louer qn de qch / pour + PERFECT		
INF *praise sb for sth/for having . . .*		
[A] Reg.	donner	30
louper *miss; bungle* [A] Reg.	donner	30
louvoyer *tack* [A] Irr.	appuyer	6
lover *coil* [A] Reg.	donner	30
se lover *coil up* [Ê] Reg.	donner	30
lubrifier *lubricate* [A] Reg.	crier	22
luger *toboggan* [A] Irr.	manger	42
luire *shine* [A] Irr.	*conduire	15
lutter contre *struggle against* [A]		
Reg.	donner	30
mâcher *chew* [A] Reg.	donner	30
machiner *contrive* [A] Reg.	donner	30
mâchonner *munch* [A] Reg.	donner	30
maçonner *build* [A] Reg.	donner	30
magnétiser *magnetize* [A] Reg.	donner	30
magnifier *magnify* [A] Reg.	crier	22
maigrir *grow thin* [A] Reg.	finir	36
maintenir *maintain* [A] Irr.	tenir	66

maîtriser *master* [A] Reg.	donner	30
majorer de *put up* (prices etc) *by* [A] Reg.	donner	30
malmener *ill-treat* [A] Irr.	acheter	2
maltraiter *ill-treat* [A] Reg.	donner	30
mandater pour + INF *elect to* [A] Reg.	donner	30
manger *eat* [A] Irr.	manger	42
manier *handle* [A] Reg.	crier	22
manifester *reveal* [A] Reg.	donner	30
manigancer *plot* [A] Irr.	commencer	13
manipuler *manipulate* [A] Reg.	donner	30
manœuvrer *operate* [A] Reg.	donner	30
manquer *miss* [A] Reg.	donner	30
manquer de qch *lack sth* [A] Reg.	donner	30
manquer à qn *be missed by sb* [A] Reg.	donner	30
manquer de + INF *narrowly miss . . . ing* [A] Reg.	donner	30
manufacturer *manufacture* [A] Reg.	donner	30
manutentionner *handle* [A] Reg.	donner	30
se maquiller *put on make-up* [Ê] Reg.	donner	30
marchander qch avec qn *haggle with sb over sth* [A] Reg.	donner	30
marcher *walk* [A] Reg.	donner	30
marier *marry* (as priest) [A] Reg.	crier	22
se marier avec qn *marry sb* (= get married to sb) [Ê] Reg.	crier	22
marmonner *mutter* [A] Reg.	donner	30
marmotter *mumble* [A] Reg.	donner	30
maronner *grumble* [A] Reg.	donner	30
marquer de *mark with* [A] Reg.	donner	30
se marrer *have a good time* [Ê] Reg.	donner	30
marteler *hammer* [A] Irr.	acheter	2
martyriser qn *make a martyr of sb* [A] Reg.	donner	30
masquer à *mask, conceal from* [A] Reg.	donner	30

massacrer *massacre* [A] Reg.	donner	30
masser *mass; massage* [A] Reg.	donner	30
mastiquer *chew* [A] Reg.	donner	30
matelasser *pad* [A] Reg.	donner	30
mater *tame; checkmate* [A] Reg.	donner	30
matérialiser qch *bring sth into being* [A] Reg.	donner	30
matraquer *bludgeon* [A] Reg.	donner	30
maudire *curse* [A] Irr.	*finir	36
maugréer après/contre *grouse about/at* [A] Reg.	créer	21
maxim(al)iser *maximize* [A] Reg.	donner	30
mazouter *foul (with oil)* [A] Reg.	donner	30
mécaniser *mechanize* [A] Reg.	donner	30
méconnaître *fail to recognize* [A] Irr.	connaître	16
mécontenter *dissatisfy* [A] Reg.	donner	30
médicamenter *dose* [A] Reg.	donner	30
médire de qn *speak ill of sb* [A] Irr.	*dire	29
méditer *meditate* [A] Reg.	donner	30
méduser *petrify* [A] Reg.	donner	30
se méfier de qn *distrust sb* [Ê] Reg.	crier	22
méjuger *misjudge* [A] Irr.	manger	42
mélanger *mix* [A] Irr.	manger	42
mêler qch à/avec qch *mix sth with sth* [A] Reg.	donner	30
mémoriser *memorize* [A] Reg.	donner	30
menacer de(+ INF) *threaten with/to* [A] Irr.	commencer	13
ménager *be sparing with; contrive* [A] Irr.	manger	42
mendier *beg* [A] Reg.	crier	22
mener *lead* [A] Irr.	acheter	2
menotter à/avec *handcuff to* [A] Reg.	donner	30
mentionner *mention* [A] Reg.	donner	30
mentir *lie* [A] Irr.	partir	48
se méprendre sur *be mistaken about* [Ê] Irr.	prendre	53

mépriser de + INF *despise for*
 . . . *ing* [A] Reg. | donner | 30
mériter de + INF *deserve to* [A]
 Reg. | donner | 30
mésinterpréter *misinterpret* [A] Irr. | préférer | 52
messeoir *be unseemly* Irr. | *s'asseoir | 7
mesurer *measure* [A] Reg. | donner | 30
 se mesurer à *pit oneself against* [Ê]
 Reg. | donner | 30
mésuser de *misuse* [A] Reg. | donner | 30
métamorphoser *transform* [A] Reg. | donner | 30
métrer qch *measure sth up* [A] Irr. | préférer | 52
mettre *put* [A] Irr. | mettre | 43
 mettre qch *put sth on* [A] Irr. | mettre | 43
 se mettre à + INF *begin to* [Ê] Irr. | mettre | 43
meubler de *furnish with* [A] Reg. | donner | 30
meugler *bellow* [A] Reg. | donner | 30
meutrir *bruise* [A] Reg. | finir | 36
miauler *mew* [A] Reg. | donner | 30
migrer *migrate* [A] Reg. | donner | 30
mijoter *simmer* [A] Reg. | donner | 30
militariser *militarize* [A] Reg. | donner | 30
militer pour/contre *militate in
 favour of/against* [A] Reg. | donner | 30
mimer *mime* [A] Reg. | donner | 30
minauder *simper* [A] Reg. | donner | 30
mincer *shred* [A] Irr. | commencer | 13
mincir *slim* [A] Reg. | finir | 36
miner *undermine* [A] Reg. | donner | 30
miniaturiser *miniaturize* [A] Reg. | donner | 30
minimiser *minimize* [A] Reg. | donner | 30
minuter *minute; plan* [A] Reg. | donner | 30
miroiter *sparkle* [A] Reg. | donner | 30
miser sur *bet on* [A] Reg. | donner | 30
mitiger *mitigate* [A] Irr. | manger | 42
mitrailler *machine-gun* [A] Reg. | donner | 30
mobiliser *mobilize* [A] Reg. | donner | 30
modeler sur *model on* [A] Irr. | acheter | 2
modérer *moderate* [A] Irr. | préférer | 52

moderniser *modernize* [A] Reg.	donner	30
modifier *modify* [A] Reg.	crier	22
moduler *modulate* [A] Reg.	donner	30
moisir *go mouldy* [A] Reg.	finir	36
moissonner *harvest* [A] Reg.	donner	30
molester *molest* [A] Reg.	donner	30
mollifier *mollify* [A] Reg.	crier	22
mollir *soften* [A] Reg.	finir	36
momifier *mummify* [A] Reg.	crier	22
monnayer *coin* [A] Irr.	appuyer	6
monologuer *talk to oneself* [A] Reg.	donner	30
monopoliser *monopolize* [A] Reg.	donner	30
monter *go up; get up* [Ê] ([A] when transitive) Reg.	donner	30
monter + INF *go up(stairs) and* [Ê] Reg.	donner	30
monter dans qch *get into/on to sth* [Ê] ([A] if transitive) Reg.	donner	30
monter à qch *ride sth* [Ê] Reg.	donner	30
se monter à *amount to* [Ê] Reg.	donner	30
montrer *show* [A] Reg.	donner	30
se moquer de *make fun of* [Ê] Reg.	donner	30
moraliser *moralize* [A] Reg.	donner	30
mordiller *nibble* [A] Reg.	donner	30
mordre *bite* [A] Reg.	vendre	70
se morfondre à + INF *be bored to death . . . ing* [Ê] Reg.	vendre	70
morigéner qn de *take sb to task for* [A] Irr.	préférer	52
mortifier *mortify* [A] Reg.	crier	22
motiver *motivate* [A] Reg.	donner	30
motoriser *mechanize* [A] Reg.	donner	30
moucher *snuff* [A] Reg.	donner	30
se moucher *blow one's nose* [Ê] Reg.	donner	30
moudre *grind* [A] Irr.	moudre	44
mouiller de/avec *wet with* [A] Reg.	donner	30
mouler *mould* [A] Reg.	donner	30
mourir *die* [Ê] Irr.	mourir	45

mourir de qch *die of sth* [Ê] Irr.	mourir	45
mousser *foam* [A] Reg.	donner	30
moutonner *become fleecy, foamy* [A] Reg.	donner	30
mouvementer *enliven* [A] Reg.	donner	30
mouvoir *propel* [A] Irr.	mouvoir	46
muer *moult* [A] Reg.	donner	30
mugir *low; bellow* [A] Reg.	finir	36
multiplier par *multiply by* [A] Reg.	crier	22
munir de *furnish with* [A] Reg.	finir	36
murer *wall up* [A] Reg.	donner	30
mûrir *ripen* [A] Reg.	finir	36
murmurer de *murmur at* [A] Reg.	donner	30
musarder *idle* [A] Reg.	donner	30
museler *muzzle* [A] Irr.	appeler	5
mutiler *mutilate* [A] Reg.	donner	30
se mutiner *mutiny* [Ê] Reg.	donner	30
mystifier *mystify* [A] Reg.	crier	22
nager *swim* [A] Irr.	manger	42
naître *be born* [Ê] Irr.	naître	47
nantir qn de qch *provide sb with sth* [A] Reg.	finir	36
napper *coat* [A] Reg.	donner	30
narguer *defy* [A] Reg.	donner	30
narrer *narrate* [A] Reg.	donner	30
nasiller *speak through the nose* [A] Reg.	donner	30
nationaliser *nationalize* [A] Reg.	donner	30
natter *plait* [A] Reg.	donner	30
naturaliser *naturalize* [A] Reg.	donner	30
naufrager *be shipwrecked* [A] Irr.	manger	42
naviguer *sail* [A] Reg.	donner	30
navrer qn *break sb's heart* [A] Reg.	donner	30
nécessiter *demand* [A] Reg.	donner	30
négliger de + INF *neglect to* [A] Irr.	manger	42
négocier *negotiate* [A] Reg.	crier	22
neiger *snow* [A] Irr.	manger	42
nettoyer *clean* [A] Irr.	appuyer	6

neutraliser *neutralize* [A] Reg.	donner	30
se nicher dans *nest in* [Ê] Reg.	donner	30
nier (+ PERF INF) *deny*		
(having . . .) [A] Reg.	crier	22
nimber de *halo with* [A] Reg.	donner	30
niveler *level* [A] Irr.	appeler	5
noircir *darken* [A] Reg.	finir	36
nommer *name* [A] Reg.	donner	30
normaliser *normalize* [A] Reg.	donner	30
noter *note* [A] Reg.	donner	30
notifier qch à qn *notify sb of sth* [A]		
Reg.	crier	22
nouer *tie (up)* [A] Reg.	donner	30
se nouer à *cling to* [Ê] Reg.	donner	30
nourir de *feed on* [A] Reg.	finir	36
noyer de *drown in; flood with* [A] Irr.	appuyer	6
nuancer de *vary; shade with* [A] Irr.	commencer	13
nuire à qch *harm sth* [A] Irr.	*conduire	15
nullifier *neutralize* [A] Reg.	crier	22
numéroter *number* [A] Reg.	donner	30
obéir à qn *obey sb* [A] Reg.	finir	36
objecter qch (à qn) *allege sth; raise sth*		
as an objection (about sb) [A] Reg.	donner	30
obliger qn à (sometimes *de*) + INF		
force sb to [A] Irr.	manger	42
obliquer vers/sur *edge towards* [A]		
Reg.	donner	30
oblitérer *obliterate* [A] Irr.	préférer	52
obscurcir *darken; dim* [A] Reg.	finir	36
obséder *obsess* [A] Irr.	préférer	52
observer *observe* [A] Reg.	donner	30
s'obstiner à (+ INF) *persist in*		
(. . . ing) [Ê] Reg.	donner	30
obstruer *obstruct* [A] Reg.	donner	30
obtempérer à *comply with* [A] Irr.	préférer	52
obtenir *obtain from* [A] Irr.	tenir	66
obvier à qch *prevent sth* [A] Reg.	crier	22
occasionner *give rise to* [A] Reg.	donner	30

occlure *occlude; veil* [A] Irr.	conclure	14
occuper *occupy* [A] Reg.	donner	30
s'occuper à + INF *be busy . . . ing* [Ê] Reg.	donner	30
s'occuper à qch *be busy with sth* [Ê] Reg.	donner	30
s'occuper de + INF *try hard to* [Ê] Reg.	donner	30
s'occuper de qn/qch *attend to sb/sth* [Ê] Reg.	donner	30
octroyer à *grant to* [A] Irr.	appuyer	6
odorer *smell of* [A] Reg.	donner	30
offenser *offend* [A] Reg.	donner	30
s'offenser de *take offence at* [Ê] Reg.	donner	30
officier à *officiate at* [A] Reg.	crier	22
offrir (**de** + INF) *offer (to)* [A] Irr.	couvrir	19
offrir qch à qn *offer sb sth* [A] Irr.	couvrir	19
s'offrir à + INF *volunteer to* [Ê] Irr.	couvrir	19
s'offusquer de *take offence at* [Ê] Reg.	donner	30
oindre *anoint* [A] Irr.	*craindre	20
ombrager *shade* [A] Irr.	manger	42
omettre (**de** + INF) *omit (to)* [A] Irr.	mettre	43
ondoyer *billow* [A] Irr.	appuyer	6
onduler *undulate* [A] Reg.	donner	30
opérer qch/qn *effect sth; operate on sb* [A] Irr.	préférer	52
s'opiniatrer à + INF *persist in . . . ing* [Ê] Reg.	donner	30
opposer qch à *oppose sth to* [A] Reg.	donner	30
oppresser *weigh down* [A] Reg.	donner	30
opprimer *oppress* [A] Reg.	donner	30
opter pour *opt for* [A] Reg.	donner	30
orbiter *orbit* [A] Reg.	donner	30
orchestrer *orchestrate* [A] Reg.	donner	30
ordonner à qn de + INF *order sb to* [A] Reg.	donner	30
organiser *organize* [A] Reg.	donner	30

orienter vers *direct towards* [A] Reg.	donner	30
orner de *ornament with* [A] Reg.	donner	30
orthographier *spell (correctly)* [A] Reg.	crier	22
osciller *oscillate; waver* [A] Reg.	donner	30
oser + INF *dare to* [A] Reg.	donner	30
ossifier *ossify* [A] Reg.	crier	22
ôter (de) *take off; take away (from)* [A] Reg.	donner	30
oublier de + INF *forget to* [A] Reg.	crier	22
ouïr *hear* [A] Irr.	*fuir	38
ourdir *hatch (plot)* [A] Reg.	finir	36
outiller *equip* [A] Reg.	donner	30
outrager *outrage* [A] Irr.	manger	42
outrepasser *exceed* [A] Reg.	donner	30
ouvrir *open* [A] Irr.	couvrir	19
pacifier *pacify* [A] Reg.	crier	22
pactiser avec *treat with* [A] Reg.	donner	30
pagayer *paddle* [A] Irr.	appuyer	6
pailleter *spangle* [A] Irr.	jeter	40
paître *graze* Irr.	*connaître	16
palabrer *speak at great length* [A] Reg.	donner	30
pâlir de *grow pale with* [A] Reg.	finir	36
pallier à *mitigate* [A] Reg.	crier	22
palper *feel; examine by feeling* [A] Reg.	donner	30
palpiter *palpitate* [A] Reg.	donner	30
se pâmer de (+ INF) *be overcome with* (. . . *ing*) [É] Reg.	donner	30
paniquer *panic* [A] Reg.	donner	30
panser *groom; bandage* [A] Reg.	donner	30
panteler *pant* [A] Irr.	appeler	5
papillonner *flit about* [A] Reg.	donner	30
paqueter *parcel up* [A] Irr.	jeter	40
parachever *complete* [A] Irr.	acheter	2
parachuter *parachute* [A] Reg.	donner	30
parader *parade* [A] Reg.	donner	30

parafer/parapher *initial* [A] Reg.	donner	30
paraître + INF *appear to* [A] Irr.	connaître	16
paralyser *paralyse* [A] Reg.	donner	30
paraphraser *paraphrase* [A] Reg.	donner	30
parceller *divide out* [A] Reg.	donner	30
parcourir *travel through* [A] Irr.	courir	18
pardonner qch à qn *forgive sb for sth* [A] Reg.	donner	30
parer (de) *prepare; embellish (with)* [A] Reg.	donner	30
parer à *guard against* [A] Reg.	donner	30
paresser *idle (about)* [A] Reg.	donner	30
parfaire *perfect* [A] Irr.	*faire	34
parfumer *scent* [A] Reg.	donner	30
parier sur *bet on* [A] Reg.	crier	22
se parjurer *perjure oneself* [Ê] Reg.	donner	30
parlementer *parley* [A] Reg.	donner	30
parler de/à *speak of/to* [A] Reg.	donner	30
parodier *parody* [A] Reg.	crier	22
parrainer *sponsor* [A] Reg.	donner	30
parsemer de *strew with* [A] Irr.	acheter	2
partager avec *share with* [A] Irr.	manger	42
participer à *participate in* [A] Reg.	donner	30
particulariser qch *give particulars of sth* [A] Reg.	donner	30
partir + INF *go off and; go off to* [Ê] Irr.	partir	48
parvenir à *reach* [Ê] Irr.	venir	71
parvenir à + INF *manage to* [Ê] Irr.	venir	71
passer *pass* [A] or [Ê] Reg.	donner	30
passer du temps à + INF *spend time . . . ing* [A] Reg.	donner	30
se passer *happen* [Ê] Reg.	donner	30
se passer de *do without* [Ê] Reg.	donner	30
passionner *interest extremely* [A] Reg.	donner	30
se passionner de/pour *be extremely interested in* [Ê] Reg.	donner	30
pasteuriser *pasteurize* [A] Reg.	donner	30

patauger *paddle* [A] Irr.	manger	42
patenter *license* [A] Reg.	donner	30
patienter *be patient* [A] Reg.	donner	30
patiner *skate* [A] Reg.	donner	30
pâtir de *suffer from/on account of* [A] Reg.	finir	36
patronner *sponsor* [A] Reg.	donner	30
patrouiller *patrol* [A] Reg.	donner	30
pâturer *graze* [A] Reg.	donner	30
paver de *pave with* [A] Reg.	donner	30
pavoiser de *beflag with* [A] Reg.	donner	30
payer qch (à qn) de *pay (sb) for sth with* [A] Irr.	appuyer	6
pécher contre *sin against* [A] Irr.	préférer	52
pêcher qch *fish for sth* [A] Reg.	donner	30
pédaler *pedal* [A] Reg.	donner	30
peigner *comb* [A] Reg.	donner	30
peindre qch en . . . *paint sth . . .* [A] Irr.	craindre	20
peiner *pain* [A] Reg.	donner	30
peler *peel* [A] Irr.	acheter	2
se pelotonner *curl up* [Ê] Reg.	donner	30
pénaliser qn de *penalize sb (by)* [A] Reg.	donner	30
pencher sur qch *bend over sth* [A] Reg.	donner	30
pendre à *hang on* [A] Reg.	vendre	70
pénétrer (dans) *penetrate* [A] Irr.	préférer	52
penser à qn/qch *think about sb/sth (= have in mind)* [A] Reg.	donner	30
penser de qn/qch *think about sb/sth (= hold an opinion of)* [A] Reg.	donner	30
penser à + INF *think of . . . ing* [A] Reg.	donner	30
pépier *chirp* [A] Reg.	crier	22
percer *pierce* [A] Irr.	commencer	13
percevoir *perceive* [A] Irr.	recevoir	56
percher *perch* [A] Reg.	donner	30
percuter *smash (into)* [A] Reg.	donner	30

perdre *lose* [A] Reg.	vendre	70
perdre du temps à + INF *waste time . . . ing* [A] Reg.	vendre	70
perfectionner *perfect* [A] Reg.	donner	30
perforer *perforate* [A] Reg.	donner	30
périr *perish* [A] Reg.	finir	36
perler *pearl* [A] Reg.	donner	30
permettre à qn de + INF *allow sb to* [A] Irr.	mettre	43
permettre qch (à qn) *allow (sb) sth* [A] Irr.	mettre	43
pérorer *hold forth* [A] Reg.	donner	30
perpétrer *perpetrate* [A] Irr.	préférer	52
perpétuer *perpetuate* [A] Reg.	donner	30
perquisitionner dans *make a search of* [A] Reg.	donner	30
persécuter *persecute* [A] Reg.	donner	30
persévérer dans qch *persevere in sth* [A] Irr.	préférer	52
persévérer à + INF *persevere in . . . ing* [A] Irr.	préférer	52
persister dans qch *persist in sth* [A] Reg.	donner	30
persister à + INF *persist in . . . ing* [A] Reg.	donner	30
personnaliser *personalize* [A] Reg.	donner	30
personnifier *personify* [A] Reg.	crier	22
persuader qn de qch *persuade sb of sth* [A] Reg.	donner	30
persuader qn (or à qn) de + INF *persuade sb to* [A] Reg.	donner	30
perturber *disturb* [A] Reg.	donner	30
pervertir *pervert* [A] Reg.	finir	36
peser *weigh* [A] Irr.	acheter	2
pester contre *rage at* [A] Reg.	donner	30
péter *break wind* [A] Irr.	préférer	52
pétiller *crackle; sparkle* [A] Reg.	donner	30
pétrifier de *petrify with* [A] Reg.	crier	22
pétrir *knead* [A] Reg.	finir	36

peupler de *people with* [A] Reg.	donner	30
photocopier *photocopy* [A] Reg.	crier	22
photographier *photograph* [A] Reg.	crier	22
piailler *squeal* [A] Reg.	donner	30
pianoter *strum; drum* [A] Reg.	donner	30
piauler *whine* [A] Reg.	donner	30
picorer *forage* [A] Reg.	donner	30
picoter *peck at* [A] Reg.	donner	30
piéger *trap* [A] Irr.	préférer	52
piétiner *trample* [A] Reg.	donner	30
piger *catch on* [A] Irr.	manger	42
piller *plunder* [A] Reg.	donner	30
piloter *pilot* [A] Reg.	donner	30
pincer *pinch* [A] Irr.	commencer	13
piocher dans *dig into* [A] Reg.	donner	30
piquer *prick; sting* [A] Reg.	donner	30
piqueter *picket* [A] Irr.	jeter	40
pirouetter *pirouette* [A] Reg.	donner	30
pisser (vulgar) *piss* [A] Reg.	donner	30
pivoter sur *pivot on* [A] Reg.	donner	30
placarder *post (notice)* [A] Reg.	donner	30
placer *place* [A] Irr.	commencer	13
plaider *plead* [A] Reg.	donner	30
plaindre *pity* [A] Irr.	craindre	20
se plaindre de *complain about* [Ê] Irr.	craindre	20
plaire à qn *please sb* [A] Irr.	plaire	49
plaisanter sur *joke about* [A] Reg.	donner	30
planer sur *hover over* [A] Reg.	donner	30
planifier *plan* [A] Reg.	crier	22
planter *plant* [A] Reg.	donner	30
plaquer de *veneer with; cake with* [A] Reg.	donner	30
se plaquer contre *flatten oneself against* [Ê] Reg.	donner	30
plâtrer *plaster* [A] Reg.	donner	30
pleurer qch/qn *weep for sth/sb* [A] Reg.	donner	30
pleurnicher *snivel* [A] Reg.	donner	30

pleuvoir *rain* [A] Irr.	pleuvoir	50
plier en *fold into* [A] Reg.	crier	22
plisser *pleat* [A] Reg.	donner	30
plomber *fill (tooth)* [A] Reg.	donner	30
plonger dans *dive into* [A] Irr.	manger	42
ployer *bend* [A] Irr.	appuyer	6
plumer *pluck* [A] Reg.	donner	30
pocher *poach* [A] Reg.	donner	30
poinçonner *clip* [A] Reg.	donner	30
poindre *appear* [A] Irr.	*craindre	20
pointer sur *aim at* [A] Reg.	donner	30
poivrer *pepper* [A] Reg.	donner	30
polariser *polarize* [A] Reg.	donner	30
polir *polish* [A] Reg.	finir	36
politiser *politicize* [A] Reg.	donner	30
polluer de *pollute with* [A] Reg.	donner	30
pomper *pump* [A] Reg.	donner	30
poncer *sand(paper)* [A] Irr.	commencer	13
ponctuer de *punctuate with* [A] Reg.	donner	30
pondérer *balance* [A] Irr.	préférer	52
pondre *lay (eggs)* [A] Reg.	vendre	70
pontifier *pontificate* [A] Reg.	crier	22
populariser *popularize* [A] Reg.	donner	30
porter *carry; wear* [A] Reg.	donner	30
portionner *portion out* [A] Reg.	donner	30
poser *put* [A] Reg.	donner	30
posséder *own* [A] Irr.	préférer	52
poster *post* [A] Reg.	donner	30
poudrer de *powder with* [A] Reg.	donner	30
poudroyer *cover with dust* [A] Irr.	appuyer	6
pouffer de + INF *burst out . . . ing* [A] Reg.	donner	30
pourchasser *pursue* [A] Reg.	donner	30
pourrir *rot* [A] Reg.	finir	36
poursuivre *pursue* [A] Irr.	suivre	64
pourvoir à *provide for* [A] Irr.	*voir	74
pourvoir qn de qch *provide sb with sth* [A] Irr.	*voir	74
pousser *push* [A] Reg.	donner	30

pousser à + INF *urge to* [A] Reg.	donner	30
pouvoir + INF *be able to* [A] Irr.	pouvoir	51
pratiquer *practise* [A] Reg.	donner	30
précéder *precede* [A] Irr.	préférer	52
prêcher *preach* [A] Reg.	donner	30
précipiter *precipitate* [A] Reg.	donner	30
se précipiter pour + INF *rush to* [Ê] Reg.	donner	30
se précipiter sur *rush at* [Ê] Reg.	donner	30
préciser *specify* [A] Reg.	donner	30
préconiser *recommend* [A] Reg.	donner	30
prédestiner à *predestine to* [A] Reg.	donner	30
prédire *predict* [A] Irr.	*dire	29
prédisposer qn à qch *predispose sb to sth* [A] Reg.	donner	30
prédisposer qn à + INF *predispose sb to* [A] Reg.	donner	30
prédominer sur *prevail over* [A] Reg.	donner	30
préempter *pre-empt* [A] Reg.	donner	30
préfabriquer *prefabricate* [A] Reg.	donner	30
préférer qch/qn à qch/qn *prefer sth/ sb to sth/sb* [A] Irr.	préférer	52
préférer + INF *prefer to* [A] Irr.	préférer	52
préfigurer *foreshadow* [A] Reg.	donner	30
préjudicier à *be prejudicial to* [A] Reg.	crier	22
préjuger *prejudge* [A] Irr.	manger	42
prélever *levy* [A] Irr.	acheter	2
préméditer de + INF *premeditate . . . ing* [A] Reg.	donner	30
se prémunir contre *be on one's guard against* [Ê] Reg.	finir	36
prendre qch à qn *take sth from sb* [A] Irr.	prendre	53
s'en prendre à qn *attack sb* [Ê] Irr.	prendre	53
préoccuper *preoccupy* [A] Reg.	donner	30
se préoccuper de *be concerned with* [Ê] Reg.	donner	30

préordonner *predetermine* [A] Reg.	donner	30
préparer qn à (+ INF) *prepare sb for/to* [A] Reg.	donner	30
se préparer à (+ INF) *get ready for/ to* [É] Reg.	donner	30
préposer à *appoint to* [A] Reg.	donner	30
prérégler *preset* [A] Irr.	préférer	52
présager *portend* [A] Irr.	manger	42
prescrire *prescribe* [A] Irr.	écrire	31
présenter qch à qn *present sth to sb* [A] Reg.	donner	30
préserver de *preserve from* [A] Reg.	donner	30
présider qch *preside over sth* [A] Reg.	donner	30
pressentir *have a presentiment about* [A] Irr.	partir	48
presser *press* [A] Reg.	donner	30
se presser de + INF *hurry to* [É] Reg.	donner	30
présumer de + INF *presume to* [A] Reg.	donner	30
présupposer *imply* [A] Reg.	donner	30
prétendre + INF *claim to* [A] Reg.	vendre	70
prêter *lend* [A] Reg.	donner	30
prétexter *plead* [A] Reg.	donner	30
prévaloir sur *prevail over* [A] Irr.	*valoir	69
se prévaloir de qch *avail oneself of sth* [É] Irr.	*valoir	69
prévenir de qch/contre qn *warn of sth/against sb* [A] Irr.	venir	71
prévoir *foresee* [A] Irr.	*voir	74
prier qn de + INF *ask sb to* [A] Reg.	crier	22
priser *sniff (drug, etc.)* [A] Reg.	donner	30
priver qn de qch *deprive sb of sth* [A] Reg.	donner	30
procéder de *arise from* [A] Irr.	préférer	52
procéder à *go on to* [A] Irr.	préférer	52
proclamer *proclaim* [A] Reg.	donner	30
procréer *procreate* [A] Reg.	créer	21

procurer qch à qn *get sth for sb* [A] Reg.	donner	30
prodiguer qch à qn *lavish sth on sb* [A] Reg.	donner	30
produire *produce* [A] Irr.	conduire	15
profaner *desecrate* [A] Reg.	donner	30
proférer *utter* [A] Irr.	préférer	52
professer *profess* [A] Reg.	donner	30
se profiler à/sur/contre *be silhouetted against* [Ê] Reg.	donner	30
profiter de qch *profit from sth* [A] Reg.	donner	30
profiter à qn *be profitable to sb* [A] Reg.	donner	30
programmer *programme* [A] Reg.	donner	30
progresser *progress* [A] Reg.	donner	30
prohiber à qn de + INF *forbid sb to* [A] Reg.	donner	30
projeter sur *project on to* [A] Irr.	jeter	40
proliférer *proliferate* [A] Irr.	préférer	52
prolonger de *prolong by* [A] Irr.	manger	42
promener *take for a walk* [A] Irr.	acheter	2
promettre à qn de + INF *promise sb to* [A] Irr.	mettre	43
promettre qch à qn *promise sb sth* [A] Irr.	mettre	43
promouvoir qch/qn *promote sth/sb* [A] Irr.	*mouvoir	46
promulguer *promulgate* [A] Reg.	donner	30
prôner *recommend* [A] Reg.	donner	30
prononcer *pronounce* [A] Irr.	commencer	13
pronostiquer *forecast* [A] Reg.	donner	30
propager *propagate* [A] Irr.	manger	42
prophétiser *prophesy* [A] Reg.	donner	30
proportionner qch à qch *adapt sth to sth* [A] Reg.	donner	30
proposer à qn de + INF *suggest to sb that they should . . .* [A] Reg.	donner	30

propulser *propel* [A] Reg.	donner	30
proscrire *outlaw* [A] Irr.	écrire	31
prospecter *prospect* [A] Reg.	donner	30
prospérer *prosper* [A] Irr.	préférer	52
se prosterner devant *prostrate oneself before* [Ê] Reg.	donner	30
se prostituer *prostitute oneself* [Ê] Reg.	donner	30
protéger de/contre *protect from/ against* [A] Irr.	protéger	54
protester contre *protest against* [A] Reg.	donner	30
prouver *prove* [A] Reg.	donner	30
provenir de *result from* [Ê] Irr.	venir	71
provoquer qn à *provoke sb to* [A] Reg.	donner	30
psychanalyser *psychoanalyse* [A] Reg.	donner	30
publier *publish* [A] Reg.	crier	22
puer qch *smell of sth* [A] Reg.	donner	30
puiser à *draw (water, etc.) from* [A] Reg.	donner	30
pulluler *swarm* [A] Reg.	donner	30
pulser *throb* [A] Reg.	donner	30
pulvériser *pulverize* [A] Reg.	donner	30
punir qn de qch *punish sb for sth* [A] Reg.	finir	36
purger de *purge of* [A] Irr.	manger	42
purifier *purify* [A] Reg.	crier	22
putréfier *rot* [A] Reg.	crier	22
quadrupler *quadruple* [A] Reg.	donner	30
qualifier qn/qch de qch *call sb/sth sth* [A] Reg.	crier	22
quémander qch à qn *beg sth from sb* [A] Reg.	donner	30
quereller *nag* [A] Reg.	donner	30
se quereller avec *quarrel with* [Ê] Reg.	donner	30

questionner *question* [A] Reg.	donner	30
quêter *seek; collect* [A] Reg.	donner	30
quintupler *quintuple* [A] Reg.	donner	30
quitter *leave* [A] Reg.	donner	30
rabâcher *continually repeat* [A] Reg.	donner	30
rabaisser à *reduce to* [A] Reg.	donner	30
rabattre *bring down* [A] Irr.	battre	9
raboter *plane* [A] Reg.	donner	30
rabougrir *stunt* [A] Reg.	finir	36
raccommoder *mend* [A] Reg.	donner	30
raccompagner *see back (home)* [A] Reg.	donner	30
raccorder avec *connect with* [A] Reg.	donner	30
raccourcir *shorten* [A] Reg.	finir	36
raccrocher *hang up* [A] Reg.	donner	30
racheter *buy back* [A] Irr.	acheter	2
racler *scrape* [A] Reg.	donner	30
raconter qch à qn *tell sb sth* [A] Reg.	donner	30
radier *erase* [A] Reg.	crier	22
radiodiffuser *broadcast* [A] Reg.	donner	30
radiographier *X-ray* [A] Reg.	crier	22
radoter *talk incoherently* [A] Reg.	donner	30
radoucir *calm* [A] Reg.	finir	36
raffermir *reinforce* [A] Reg.	finir	36
raffiner *refine* [A] Reg.	donner	30
raffoler de qn/qch *be mad about sb/sth* [A] Reg.	donner	30
rafistoler *patch up* [A] Reg.	donner	30
rafler *round up* [A] Reg.	donner	30
rafraîchir *refresh* [A] Reg.	finir	36
ragaillardir *cheer up* [A] Reg.	finir	36
rager *rage* [A] Irr.	manger	42
raidir *stiffen* [A] Reg.	finir	36
railler qn *laugh at sb* [A] Reg.	donner	30
raisonner sur *argue about* [A] Reg.	donner	30

rajeunir *rejuvenate* [A] Reg.	finir	36
rajouter *add* [A] Reg.	donner	30
rajuster *straighten* [A] Reg.	donner	30
ralentir *slow down* [A] Reg.	finir	36
râler *rattle (in throat); grouse* [A] Reg.	donner	30
rallier *rally; rejoin* [A] Reg.	crier	22
rallonger *lengthen* [A] Irr.	manger	42
rallumer *relight; revive* [A] Reg.	donner	30
ramasser *gather; pick up* [A] Reg.	donner	30
ramener à *bring back to* [A] Irr.	acheter	2
ramer *row* [A] Reg.	donner	30
ramollir *soften* [A] Reg.	finir	36
ramoner *sweep (chimney)* [A] Reg.	donner	30
ramper *crawl* [A] Reg.	donner	30
rancir *grow rancid* [A] Reg.	finir	36
rançonner *hold to ransom; fleece* [A] Reg.	donner	30
ranger *tidy away* [A] Irr.	manger	42
ranimer *revive* [A] Reg.	donner	30
rapatrier *repatriate* [A] Reg.	crier	22
râper *grate* [A] Reg.	donner	30
rapetisser *reduce* [A] Reg.	donner	30
rapiécer *patch* [A] Irr.	rapiécer	55
rappeler *recall* [A] Irr.	appeler	5
se rappeler + PERF INF (sometimes **de** + PERF INF) *remember . . . ing* [Ê] Irr.	appeler	5
rapporter *bring back* [A] Reg.	donner	30
se rapporter avec/à *go with; relate to* [Ê] Reg.	donner	30
rapprendre *learn again* [A] Irr.	prendre	53
rapprocher de *bring closer to* [A] Reg.	donner	30
se rarifier *grow scarce* [Ê] Reg.	crier	22
raser *shave* [A] Reg.	donner	30
rassasier *satisfy* [A] Reg.	crier	22
rassembler *assemble* [A] Reg.	donner	30
rasseoir *reseat* [A] Irr.	s'asseoir	7

rasséréner *calm* [A] Irr.	préférer	52
rassurer *reassure* [A] Reg.	donner	30
rater *miss; fail* [A] Reg.	donner	30
ratifier *confirm* [A] Reg.	crier	22
rationaliser *rationalize* [A] Reg.	donner	30
rationner *ration* [A] Reg.	donner	30
ratisser *rake up* [A] Reg.	donner	30
rattacher *attach; tie up (again)* [A] Reg.	donner	30
se rattacher à *be linked with* [Ê] Reg.	donner	30
rattraper *catch up with/on* [A] Reg.	donner	30
raturer *cross out* [A] Reg.	donner	30
ravager *ravage* [A] Irr.	manger	42
ravaler (à) *choke down; bring down (to)* [A] Reg.	donner	30
ravauder *mend* [A] Reg.	donner	30
ravir *delight* [A] Reg.	finir	36
se raviser *change one's mind* [Ê] Reg.	donner	30
ravitailler en *replenish with* [A] Reg.	donner	30
raviver *revive* [A] Reg.	donner	30
ravoir *get back* [A] Irr.	*avoir	8
rayer *cross out* [A] Irr.	appuyer	6
rayonner (de) *radiate; be radiant (with)* [A] Reg.	donner	30
réactiver *revive* [A] Reg.	donner	30
se réadapter *readjust* [Ê] Reg.	donner	30
réaffecter à *reinstate in* [A] Reg.	donner	30
réaffirmer *reaffirm* [A] Reg.	donner	30
réagir à *react to* [A] Reg.	finir	36
réajuster *straighten* [A] Reg.	donner	30
réaliser *carry out; realize* [A] Reg.	donner	30
réanimer *revive* [A] Reg.	donner	30
réapparaître *reappear usually* [Ê] Irr.	connaître	16
réarmer *rearm* [A] Reg.	donner	30
rebaisser *go down again* [A] Reg.	donner	30

rebaptiser *rename* [A] Reg.	donner	30
rebâtir *rebuild* [A] Reg.	finir	36
se rebeller contre *rebel against* [Ê] Reg.	donner	30
rebondir *bounce* [A] Reg.	finir	36
reboucher *recork* [A] Reg.	donner	30
rebrousser *turn back* [A] Reg.	donner	30
rebuter *reject; disgust* [A] Reg.	donner	30
recalculer *work out again* [A] Reg.	donner	30
récapituler *recapitulate* [A] Reg.	donner	30
receler *conceal* [A] Irr.	acheter	2
recéler *conceal* [A] Irr.	préférer	52
recenser *register* [A] Reg.	donner	30
recevoir qch de qn *receive sth from sb* [A] Irr.	recevoir	56
réchapper de *escape from* [A] or [Ê] Reg.	donner	30
réchauffer *warm up* [A] Reg.	donner	30
rechercher *search for* [A] Reg.	donner	30
rechigner à (+ INF) *jib at* (. . . ing) [A] Reg.	donner	30
réciter *recite* [A] Reg.	donner	30
réclamer (contre) *claim; protest (about)* [A] Reg.	donner	30
reclure *confine* [A] Irr.	*conclure	14
se recoiffer *(re)do one's hair* [Ê] Reg.	donner	30
récolter *harvest* [A] Reg.	donner	30
recommander qch à qn *recommend sth to sb* [A] Reg.	donner	30
recommander à qn de + INF *recommend sb to* [A] Reg.	donner	30
recommencer à (sometimes **de**) + INF *begin again to* [A] Irr.	commencer	13
récompenser qn de qch *reward sb for sth* [A] Reg.	donner	30
réconcilier avec *reconcile to/with* [A] Reg.	crier	22
reconduire *take back* [A] Irr.	conduire	15

réconforter *fortify; comfort* [A] Reg.	donner	30
reconnaître à *recognize by* [A] Irr.	connaître	16
reconquérir *regain* [A] Irr.	acquérir	3
reconsidérer *reconsider* [A] Irr.	préférer	52
reconstituer *reconstitute* [A] Reg.	donner	30
reconstruire *reconstruct* [A] Irr.	conduire	15
recopier *copy out* [A] Reg.	crier	22
se recoucher *go back to bed* [Ê] Reg.	donner	30
recouper *recut; confirm* [A] Reg.	donner	30
recourir à *resort to* [A] Irr.	courir	18
recouvrir de *re-cover with* [A] Irr.	couvrir	19
recréer *recreate* [A] Reg.	créer	21
se récrier de/contre *cry out at/ against* [Ê] Reg.	crier	22
récriminer contre *recriminate against* [A] Reg.	donner	30
récrire *write again* [A] Irr.	écrire	31
recroître *grow again* [A] Irr.	*accroître	1
recruter *recruit* [A] Reg.	donner	30
rectifier *amend* [A] Reg.	crier	22
recueillir *to gather up* [A] Irr.	cueillir	25
reculer devant *retreat before* [A] Reg.	donner	30
reculer à/de + INF *shrink from/put off . . . ing* [A] Reg.	donner	30
récupérer *recover* [A] Irr.	préférer	52
récurer *scour* [A] Reg.	donner	30
récuser *reject* [A] Reg.	donner	30
recycler *recycle* [A] Reg.	donner	30
redécouvrir *rediscover* [A] Irr.	couvrir	19
redemander *ask for more of* [A] Reg.	donner	30
redescendre *come down again; get down again* [Ê] ([A] when transitive) Reg.	vendre	70
redevenir *become again* [Ê] Irr.	venir	71
redevoir *still owe* [A] Irr.	devoir	28

rediffuser *repeat (programme)* [A] Reg.	donner	30
rédiger *edit* [A] Irr.	manger	42
redire *repeat* [A] Irr.	dire	29
redistribuer *redistribute* [A] Reg.	donner	30
redonner (dans) *restore; fall (into)* [A] Reg.	donner	30
redoubler *redouble* [A] Reg.	donner	30
redouter de + INF *dread to* [A] Reg.	donner	30
redresser *redress* [A] Reg.	donner	30
réduire à/en *reduce to* [A] Irr.	conduire	15
rééditer *republish* [A] Reg.	donner	30
rééduquer *rehabilitate* [A] Reg.	donner	30
réélire *re-elect* [A] Irr.	lire	41
réévaluer *revalue* [A] Reg.	donner	30
réexaminer *re-examine* [A] Reg.	donner	30
refaire *remake* [A] Irr.	faire	34
se référer à *refer to* [Ê] Irr.	préférer	52
refermer *close again* [A] Reg.	donner	30
réfléchir à/sur qch *think about sth* [A] Reg.	finir	36
refléter *reflect* [A] Irr.	préférer	52
refluer à/de *flow to/from* [A] Reg.	donner	30
refondre *recast* [A] Reg.	vendre	70
reformer *form again* [A] Reg.	donner	30
réformer *reform* [A] Reg.	donner	30
refouler *drive back* [A] Reg.	donner	30
refréner *restrain* [A] Irr.	préférer	52
réfrigérer *refrigerate* [A] Irr.	préférer	52
refroidir *cool* [A] Reg.	finir	36
se réfugier chez/dans *take refuge with/in* [Ê] Reg.	crier	22
refuser de + INF *refuse to* [A] Reg.	donner	30
se refuser à *object to* [Ê] Reg.	donner	30
réfuter *refute* [A] Reg.	donner	30
regagner *get back (to)* [A] Reg.	donner	30
régaler de *regale with* [A] Reg.	donner	30
regarder qch/qn *look at sth/sb* [A] Reg.	donner	30

regarder qn + INF *watch sb . . . ing* [A] Reg.	donner	30
régénérer *regenerate* [A] Irr.	préférer	52
régenter *boss* [A] Reg.	donner	30
regimber contre *rebel at* [A] Reg.	donner	30
régir *govern* [A] Reg.	finir	36
réglementer *regulate* [A] Reg.	donner	30
régler *settle; regulate* [A] Irr.	préférer	52
régner sur *rule over* [A] Irr.	préférer	52
regorger de *abound in* [A] Irr.	manger	42
régresser *regress* [A] Reg.	donner	30
regretter de + INF *be sorry to* [A] Reg.	donner	30
regrouper *regroup* [A] Reg.	donner	30
régulariser *regularize* [A] Reg.	donner	30
réhabiliter *rehabilitate* [A] Reg.	donner	30
rehausser de *raise by* [A] Reg.	donner	30
réimposer *reimpose* [A] Reg.	donner	30
réimprimer *reprint* [A] Reg.	donner	30
réintégrer *reinstate* [A] Irr.	préférer	52
réinterpréter *reinterpret* [A] Irr.	préférer	52
réintroduire *reintroduce* [A] Irr.	conduire	15
réitérer *reiterate* [A] Irr.	préférer	52
rejaillir sur *reflect (badly) on* [A] Reg.	finir	36
rejeter *reject* [A] Irr.	jeter	40
rejoindre *rejoin* [A] Irr.	craindre	20
rejouer *replay* [A] Reg.	donner	30
réjouir *delight* [A] Reg.	finir	36
se réjouir de *be delighted at* [Ê] Reg.	finir	36
relâcher *loosen* [A] Reg.	donner	30
relancer *throw back* [A] Irr.	commencer	13
relaxer *relax* [A] Reg.	donner	30
relayer *relieve; take over from* [A] Irr.	appuyer	6
reléguer *relegate* [A] Irr.	préférer	52
relever *raise up again* [A] Irr.	acheter	2
relier à *connect to* [A] Reg.	crier	22

relire *reread* [A] Irr.	lire	41
reloger *rehouse* [A] Irr.	manger	42
reluire *gleam* [A] Irr.	*conduire	15
remâcher qch *ruminate on sth* [A] Reg.	donner	30
remanier *reshape* [A] Reg.	crier	22
se remarier *remarry* [Ê] Reg.	crier	22
remarquer *notice* [A] Reg.	donner	30
remblayer *bank up* [A] Irr.	appuyer	6
rembourrer *stuff* [A] Reg.	donner	30
rembourser *refund* [A] Reg.	donner	30
rembourser qn de qch *repay sb for sth* [A] Reg.	donner	30
se rembrunir *cloud (over)* [Ê] Reg.	finir	36
remédier à qch *remedy sth* [A] Reg.	crier	22
se remémorer qch *recall sth* [Ê] Reg.	donner	30
remercier qn de/pour qch *thank sb for sth* [A] Reg.	crier	22
remercier qn de + INF *thank sb for . . . ing* [A] Reg.	crier	22
remettre à *put off until* [A] Irr.	mettre	43
se remettre de *recover from* [Ê] Irr.	mettre	43
remiser *garage* [A] Reg.	donner	30
remmener *lead away* [A] Irr.	acheter	2
remodeler *remodel* [A] Irr.	acheter	2
remonter *go up again; get up again* usually [Ê] ([A] when transitive) Reg.	donner	30
en remontrer à qn *give advice to sb* [A] Reg.	donner	30
remorquer *tow* [A] Reg.	donner	30
remplacer par *replace by* [A] Irr.	commencer	13
remplir de *fill up with* [A] Reg.	finir	36
remployer *re-employ* [A] Irr.	appuyer	6
remporter *carry off* [A] Reg.	donner	30
remuer *move* [A] Reg.	donner	30
rémunérer qn/qch *pay sb/for sth* [A] Irr.	préférer	52

renaître *be reborn* Irr.	*naître	47
renchérir *get dearer* [A] Reg.	finir	36
renchérir sur *outbid; go one better than* [A] Reg.	finir	36
rencontrer *meet* [A] Reg.	donner	30
se rendormir *go back to sleep* [Ê] Irr.	partir	48
rendre qch à qn *give sth back to sb* [A] Reg.	vendre	70
se rendre compte de *realize* [Ê] Reg.	vendre	70
renfermer *shut up; contain* [A] Reg.	donner	30
renfler *swell out* [A] Reg.	donner	30
renforcer de *reinforce with* [A] Irr.	commencer	13
se renfrogner *scowl* [Ê] Reg.	donner	30
renier *disown* [A] Reg.	crier	22
reniffler sur *sniff at* [A] Reg.	donner	30
renommer *reappoint; re-elect* [A] Reg.	donner	30
renoncer à qch *give sth up* [A] Irr.	commencer	13
renoncer à + INF *give up . . . ing* [A] Irr.	commencer	13
renouer *resume* [A] Reg.	donner	30
renouveler *renew* [A] Irr.	appeler	5
rénover *renovate* [A] Reg.	donner	30
renseigner qn sur qch *inform sb about sth* [A] Reg.	donner	30
rentrer *come (back) in; put (back) in* [Ê] ([A] when transitive) Reg.	donner	30
rentrer + INF *come (back) in and* [Ê] Reg.	donner	30
rentrer dans *crash into* [Ê] Reg.	donner	30
renverser *turn upside down; knock over* [A] Reg.	donner	30
renvoyer *send back* [A] Irr.	appuyer	6
réorganiser *reorganize* [A] Reg.	donner	30
repaître *feed* [A] Irr.	connaître	16
répandre *spill; spread* [A] Reg.	vendre	70
reparaître *reappear* usually [A] Irr.	connaître	16
réparer *repair* [A] Reg.	donner	30

repartir = *go off again* [Ê] Irr.	partir	48
= *reply* [A] Irr.	partir	48
répartir *distribute* [A] Reg.	finir	36
repasser = *pass by again* usually [Ê] Reg.	donner	30
= *cross again; iron* [A] Reg.	donner	30
repêcher *fish up* [A] Reg.	donner	30
repeindre *repaint* [A] Irr.	craindre	20
repenser à qch *think sth over* [A] Reg.	donner	30
se repentir de *repent of* [Ê] Irr.	partir	48
répercuter qch sur *pass sth on to* [A] Reg.	donner	30
repérer *spot* [A] Irr.	préférer	52
répertorier *index* [A] Reg.	crier	22
répéter *repeat* [A] Irr.	préférer	52
repeupler *repopulate* [A] Reg.	donner	30
replacer *reallocate* [A] Irr.	commencer	13
replanter *replant* [A] Reg.	donner	30
replier *fold up* [A] Reg.	crier	22
répliquer *retort* [A] Reg.	donner	30
répondre à qch/qn *answer sth/sb* [A] Reg.	vendre	70
répondre de qn *answer for sb* [A] Reg.	vendre	70
reporter à *take back to; postpone until* [A] Reg.	donner	30
reposer *put back; rest* [A] Reg.	donner	30
se reposer sur *rest on* [Ê] Reg.	donner	30
repousser *push away* [A] Reg.	donner	30
reprendre *take back* [A] Irr.	prendre	53
se reprendre à qch *tackle sth again* [Ê] Irr.	prendre	53
représenter *represent* [A] Reg.	donner	30
réprimander *reprimand* [A] Reg.	donner	30
réprimer *repress* [A] Reg.	donner	30
repriser *darn* [A] Reg.	donner	30
reprocher qch à qn *blame sb for sth* [A] Reg.	donner	30

reproduire *reproduce* [A] Irr.	conduire	15
réprouver *disapprove of* [A] Reg.	donner	30
répudier *repudiate* [A] Reg.	crier	22
répugner à *feel repugnance at* [A] Reg.	donner	30
requérir *request* [A] Irr.	acquérir	3
réquisitionner *requisition* [A] Reg.	donner	30
rescinder *rescind* [A] Reg.	donner	30
réserver qch à qn *reserve sth for sb* [A] Reg.	donner	30
résider à/dans *reside at/in* [A] Reg.	donner	30
résigner qch *give sth up* [A] Reg.	donner	30
se résigner à qch *resign oneself to sth* [É] Reg.	donner	30
résilier *cancel* [A] Reg.	crier	22
résister à qn/qch *resist sb/sth* [A] Reg.	donner	30
résonner de *resound with* [A] Reg.	donner	30
résoudre de + INF *resolve to* [A] Irr.	résoudre	57
résoudre qn à (sometimes **de**) + INF *induce sb to* [A] Irr.	résoudre	57
respecter *respect* [A] Reg.	donner	30
respirer *breathe* [A] Reg.	donner	30
resplendir de *shine with* [A] Reg.	finir	36
ressembler à qn/qch *be like sb/sth* [A] Reg.	donner	30
ressaisir qch *regain possession of sth* [A] Reg.	finir	36
ressemeler *resole* [A] Irr.	appeler	5
ressentir *feel; resent* [A] Irr.	partir	48
se ressentir de *feel the effects of* [É] Irr.	partir	48
resserrer *draw tighter* [A] Reg.	donner	30
ressortir (de) = *stand out* [É] Irr.	partir	48
= *be under the jurisdiction (of)* [A] Reg.	finir	36
= *get out again* (transitive) [A] Irr.	partir	48

ressusciter *revive* usually [Ê] when intransitive; [A] when transitive Reg.	donner	30
restaurer *restore* [A] Reg.	donner	30
rester à + INF *remain to; stay . . . ing* [Ê] Reg.	donner	30
restituer à *hand back to* [A] Reg.	donner	30
restreindre *cut back* [A] Irr.	craindre	20
restructurer *restructure* [A] Reg.	donner	30
résulter de *result from* used in il/ils forms only; usually [Ê] Reg.	donner	30
résumer *summarize* [A] Reg.	donner	30
resurgir *come up again* [A] Reg.	finir	36
rétablir *re-establish* [A] Reg.	finir	36
retaper *patch up* [A] Reg.	donner	30
retarder *delay* [A] Reg.	donner	30
retenir *detain* [A] Irr.	tenir	66
se retenir de + INF *refrain from* [Ê] Irr.	tenir	66
se retenir à qch *cling on to* [Ê] Irr.	tenir	66
retentir de *ring out with* [A] Reg.	finir	36
retirer de *take out from* [A] Reg.	donner	30
se retirer de *retire from* [Ê] Reg.	donner	30
retomber *fall again; land* usually [Ê] Reg.	donner	30
retoucher *retouch* [A] Reg.	donner	30
retourner (intransitive) *return* [Ê] Reg.	donner	30
retourner qch à qn *return sth to sb* [A] Reg.	donner	30
se retourner sur/vers qn *turn round to/towards sb* [Ê] Reg.	donner	30
retracer *retrace* [A] Irr.	commencer	13
rétracter *retract* [A] Reg.	donner	30
retraire *redeem* [A] Irr.	*traire	67
retraiter *pension off* [A] Reg.	donner	30
retrancher qch de qch *cut off sth from sth* [A] Reg.	donner	30
retransmettre *rebroadcast* [A] Irr.	mettre	43

retraverser *cross again* [A] Reg.	donner	30
rétrécir *narrow* [A] Reg.	finir	36
rétribuer *pay* [A] Reg.	donner	30
rétrograder *go backwards* [A] Reg.	donner	30
retrousser *turn up* [A] Reg.	donner	30
retrouver *find (again)* [A] Reg.	donner	30
réunifier *reunify* [A] Reg.	crier	22
réunir à *reunite with* [A] Reg.	finir	36
réussir à + INF *manage to; succeed in . . . ing* [A] Reg.	finir	36
réussir à *pass (exam)* [A] Reg.	finir	36
revaloir *pay back (in kind)* [A] Irr.	*valoir	69
rêvasser *daydream* [A] Reg.	donner	30
réveiller *wake* [A] Reg.	donner	30
révéler *reveal* [A] Irr.	préférer	52
revendiquer *claim* [A] Reg.	donner	30
revendre *resell* [A] Reg.	vendre	70
revenir de *come back from* [Ê] Irr.	venir	71
rêver à/de/sur *dream about; muse on* [A] Reg.	donner	30
réverbérer *reverberate* [A] Irr.	préférer	52
révérer *revere* [A] Irr.	préférer	52
reverser sur *shift (blame etc) on to* [A] Reg.	donner	30
revêtir de *clothe with; face with* [A] Irr.	vêtir	72
réviser *revise* [A] Reg.	donner	30
revivre *come to life again* [A] Irr.	vivre	73
revoir *see again* [A] Irr.	voir	74
révolter *disgust* [A] Reg.	donner	30
se révolter contre *revolt against* [Ê] Reg.	donner	30
révolutionner *revolutionize* [A] Reg.	donner	30
révoquer *revoke* [A] Reg.	donner	30
rhabiller *repair* [A] Reg.	donner	30
ricaner *laugh derisively* [A] Reg.	donner	30
ridiculiser *ridicule* [A] Reg.	donner	30
rigoler de *laugh at* [A] Reg.	donner	30

rimer avec *rhyme with; go with* [A]

    Reg. · donner · 30

rincer *rinse* [A] Irr. · commencer · 13

riposter *retort* [A] Reg. · donner · 30

rire de qn/qch *laugh at sb/sth* [A]

    Irr. · rire · 58

risquer (de + INF) *risk* (. . . *ing*) [A]

    Reg. · donner · 30

rivaliser avec *vie with* [A] Reg. · donner · 30

roder *run in* [A] Reg. · donner · 30

rôder *prowl* [A] Reg. · donner · 30

rogner *trim* [A] Reg. · donner · 30

romantiser *romanticize* [A] Reg. · donner · 30

rompre *break* [A] Irr. · rompre · 59

ronchonner *grumble* [A] Reg. · donner · 30

ronfler *snore* [A] Reg. · donner · 30

ronger *gnaw* [A] Irr. · manger · 42

ronronner *purr* [A] Reg. · donner · 30

rosir *turn pink* [A] Reg. · finir · 36

rosser *thrash* [A] Reg. · donner · 30

rôtir *roast* [A] Reg. · finir · 36

roucouler *coo* [A] Reg. · donner · 30

rougeoyer *turn red* [A] Irr. · appuyer · 6

rougir *redden* [A] Reg. · finir · 36

se rouiller *rust* [Ê] Reg. · donner · 30

rouler *roll; travel* [A] Reg. · donner · 30

rouspéter *grumble* [A] Irr. · préférer · 52

roussir *turn brown* [A] Reg. · finir · 36

rouvrir *reopen* [A] Irr. · couvrir · 19

rudoyer *bully* [A] Irr. · appuyer · 6

ruer *lash out* [A] Reg. · donner · 30

  se ruer sur *hurl oneself at* [Ê]

    Reg. · donner · 30

rugir *roar* [A] Reg. · finir · 36

ruiner *ruin* [A] Reg. · donner · 30

ruisseler de *run with* [A] Irr. · appeler · 5

ruminer qch *ruminate on sth* [A]

    Reg. · donner · 30

rutiler *glow red* [A] Reg. · donner · 30

sabler *sand* [A] Reg.	donner	30
saborder *scuttle* [A] Reg.	donner	30
saboter *sabotage* [A] Reg.	donner	30
sabrer *cut down* [A] Reg.	donner	30
saccager *pillage* [A] Irr.	manger	42
sacrer *anoint* [A] Reg.	donner	30
sacrifier à *sacrifice to* [A] Reg.	crier	22
saigner *bleed* [A] Reg.	donner	30
saillir (de) *jut out (by)* [A] Irr.	saillir	60
saisir par *seize by* [A] Reg.	finir	36
saler *salt* [A] Reg.	donner	30
salir *dirty* [A] Reg.	finir	36
saliver *salivate* [A] Reg.	donner	30
saluer de *salute with* [A] Reg.	donner	30
sanctifier *sanctify* [A] Reg.	crier	22
sanctionner *sanction* [A] Reg.	donner	30
sangloter *sob* [A] Reg.	donner	30
saper *undermine* [A] Reg.	donner	30
sarcler *weed* [A] Reg.	donner	30
satelliser *put into orbit* [A] Reg.	donner	30
satiriser *satirize* [A] Reg.	donner	30
satisfaire de *satisfy with* [A] Irr.	faire	34
saturer de *saturate with* [A] Reg.	donner	30
saupoudrer de *sprinkle with* [A] Reg.	donner	30
sauter (de) *jump (with)* [A] Reg.	donner	30
sautiller *hop* [A] Reg.	donner	30
sauvegarder *safeguard* [A] Reg.	donner	30
sauver de *save from* [A] Reg.	donner	30
savoir + INF *can; know how to* [A] Irr.	savoir	61
savonner *soap* [A] Reg.	donner	30
savourer *relish* [A] Reg.	donner	30
scalper *scalp* [A] Reg.	donner	30
scandaliser *scandalize* [A] Reg.	donner	30
scander *mark (the rhythm of)* [A] Reg.	donner	30
sceller *seal* [A] Reg.	donner	30
scier *saw* [A] Reg.	crier	22

scinder *split* [A] Reg.	donner	30
scintiller *sparkle* [A] Reg.	donner	30
scruter *scan* [A] Reg.	donner	30
sculpter *sculpt* [A] Reg.	donner	30
sécher (à) *dry (in)* [A] Irr.	préférer	52
seconder *support* [A] Reg.	donner	30
secouer *shake* [A] Reg.	donner	30
secourir *aid* [A] Irr.	courir	18
sécréter *secrete* [A] Irr.	préférer	52
sectionner *divide up; amputate* [A] Reg.	donner	30
séculariser *deconsecrate* [A] Reg.	donner	30
séduire par *seduce with* [A] Irr.	conduire	15
séjourner *stay* [A] Reg.	donner	30
sélectionner *select* [A] Reg.	donner	30
seller *saddle* [A] Reg.	donner	30
sembler + INF *seem to* [A] Reg.	donner	30
semer *sow* [A] Irr.	acheter	2
sensibiliser qn à qch *make sb aware of sth* [A] Reg.	donner	30
sentir *feel; smell* [A] Irr.	partir	48
sentir qch + INF *feel sth . . . ing* [A] Irr.	partir	48
se sentir + INF *feel oneself . . . ing* [Ê] Irr.	partir	48
seoir *suit* Irr.	seoir	62
séparer de *separate from* [A] Reg.	donner	30
séquestrer *isolate* [A] Reg.	donner	30
sérier *put into series* [A] Reg.	crier	22
seriner qch à qn *drum sth into sb* [A] Reg.	donner	30
sermonner qn *lecture sb* [A] Reg.	donner	30
serpenter *wind* [A] Reg.	donner	30
serrer *squeeze* [A] Reg.	donner	30
sertir *set (jewels)* [A] Reg.	finir	36
servir à qch *be used for sth* [A] Irr.	partir	48
servir à + INF *be used to* [A] Irr.	partir	48
servir de qch *serve as sth* [A] Irr.	partir	48
se servir de qch *use sth* [Ê] Irr.	partir	48

sévir *be rampant* [A] Reg.	finir	36
sévir contre qn/qch *deal severely with sb/sth* [A] Reg.	finir	36
sevrer de *wean from* [A] Irr.	acheter	2
sidérer *dumbfound* [A] Irr.	préférer	52
siéger *sit* [A] Irr.	protéger	54
siffler (qch) *whistle (for sth)* [A] Reg.	donner	30
signaler qch à qn *point sth out to sb* [A] Reg.	donner	30
se signaler par *distinguish oneself by* [È] Reg.	donner	30
signer *sign* [A] Reg.	donner	30
signifier *signify* [A] Reg.	crier	22
sillonner *furrow* [A] Reg.	donner	30
simplifier *simplify* [A] Reg.	crier	22
simuler *simulate* [A] Reg.	donner	30
singer *mimic* [A] Irr.	manger	42
siroter *sip* [A] Reg.	donner	30
situer *locate* [A] Reg.	donner	30
skier *ski* [A] Reg.	crier	22
soigner qn *look after sb* [A] Reg.	donner	30
solder *settle; sell off* [A] Reg.	donner	30
solenniser *solemnize* [A] Reg.	donner	30
se solidariser avec *show solidarity with* [È] Reg.	donner	30
solidifier *solidify* [A] Reg.	crier	22
solliciter qch de qn *beg for sth from sb* [A] Reg.	donner	30
sombrer *sink* [A] Reg.	donner	30
sommeiller *doze* [A] Reg.	donner	30
sommer qn de + INF *call on sb to* [A] Reg.	donner	30
somnoler *drowse* [A] Reg.	donner	30
sonder qn sur qch *sound sb about sth* [A] Reg.	donner	30
songer à qch/qn *think about sth/sb* [A] Irr.	manger	42
songer à + INF *think about . . . ing* [A] Irr.	manger	42

sonner *sound* [A] Reg.	donner	30
sortir *go out; take out* [Ê] ([A] when transitive) Irr.	partir	48
sortir de *leave* [Ê] Irr.	partir	48
sortir + INF *go out and* [Ê] Irr.	partir	48
se soucier de *worry about* [Ê] Reg.	crier	22
souder *weld* [A] Reg.	donner	30
soudoyer *bribe* [A] Irr.	appuyer	6
souffler *blow* [A] Reg.	donner	30
souffrir de *suffer from* [A] Irr.	couvrir	19
souhaiter (sometimes *de*) + INF *want to* [A] Reg.	donner	30
souiller de *dirty; stain with* [A] Reg.	donner	30
soulager de *relieve of* [A] Irr.	manger	42
souligner *underline* [A] Reg.	donner	30
se soûler *get drunk* [Ê] Reg.	donner	30
soulever *raise* [A] Irr.	acheter	2
soumettre qch à qn *submit sth to sb* [A] Irr.	mettre	43
soupçonner de *suspect of* [A] Reg.	donner	30
souper *have supper* [A] Reg.	donner	30
soupeser *feel the weight of* [A] Irr.	acheter	2
soupirer *sigh* [A] Reg.	donner	30
sourciller *flinch* only used in negative [A] Reg.	donner	30
sourire à qn de qch *smile at sb about sth* [A] Irr.	rire	58
souscrire à *subscribe to* [A] Irr.	écrire	31
sous-entendre *infer; imply* [A] Reg.	vendre	70
sous-estimer *underestimate* [A] Reg.	donner	30
sous-louer *sublet* [A] Reg.	donner	30
soustraire à *withdraw from* [A] Irr.	traire	67
soustraire de *subtract from* [A] Irr.	traire	67
soutenir *support* [A] Irr.	tenir	66
soutirer qch à qn *extract sth from sb* [A] Reg.	donner	30
se souvenir de qn/qch *remember sb/ sth* [Ê] Irr.	venir	71

se souvenir de + PERF INF		
remember . . . ing [É] Irr.	venir	71
se spécialiser dans *specialize in* [É]		
Reg.	donner	30
spécifier *specify* [A] Reg.	crier	22
spéculer sur *speculate on/in* [A]		
Reg.	donner	30
spolier de *despoil of* [A] Reg.	crier	22
stabiliser *stabilize* [A] Reg.	donner	30
stagner *stagnate* [A] Reg.	donner	30
standardiser *standardize* [A] Reg.	donner	30
stationner *park* [A] Reg.	donner	30
stériliser *sterilize* [A] Reg.	donner	30
stigmatiser de *stigmatize with* [A]		
Reg.	donner	30
stimuler *stimulate* [A] Reg.	donner	30
stipuler *stipulate* [A] Reg.	donner	30
stocker *stock* [A] Reg.	donner	30
stopper *stop* [A] Reg.	donner	30
strier de *streak with* [A] Reg.	crier	22
structurer *structure* [A] Reg.	donner	30
stupéfaire *astound* [A] Irr.	*faire	34
stupéfier *astound* [A] Reg.	crier	22
subdiviser en *split up into* [A] Reg.	donner	30
subir *undergo* [A] Reg.	finir	36
subjuguer *subjugate* [A] Reg.	donner	30
sublimer *sublimate* [A] Reg.	donner	30
submerger de *submerge in* [A] Irr.	manger	42
subodorer qch *have a presentiment*		
of sth [A] Reg.	donner	30
subordonner à *subordinate to* [A]		
Reg.	donner	30
suborner *suborn* [A] Reg.	donner	30
subsister de *live on* [A] Reg.	donner	30
substituer qch à qch *substitute sth*		
for sth [A] Reg.	donner	30
subvenir à *come to the aid of* [A]		
Irr.	venir	71
subventionner *subsidize* [A] Reg.	donner	30

succéder à qn *succeed sb* [A] Irr.	préférer	52
succomber à *succumb to* [A] Reg.	donner	30
sucer *suck* [A] Irr.	commencer	13
sucrer *sweeten* [A] Reg.	donner	30
suer *sweat* [A] Reg.	donner	30
suffire à + INF *be enough to* [A] Irr.	suffire	63
suffire à qch *cope with sth* [A] Irr.	suffire	63
il suffit de qch pour + INF *sth is enough to* [A] Irr.	suffire	63
suffoquer de *choke with* [A] Reg.	donner	30
suggérer à qn de + INF *suggest . . . ing to sb* [A] Irr.	préférer	52
se suicider *commit suicide* [Ê] Reg.	donner	30
suinter *seep* [A] Reg.	donner	30
suivre de *follow by* [A] Irr.	suivre	64
superposer à *superimpose on* [A] Reg.	donner	30
superviser *supervise* [A] Reg.	donner	30
supplanter *supplant* [A] Reg.	donner	30
suppléer à *deputize for; make up for* [A] Reg.	créer	21
supplémenter *supplement* [A] Reg.	donner	30
supplier qn de + INF *implore sb to* [A] Reg.	crier	22
supporter *support* [A] Reg.	donner	30
supposer *suppose* [A] Reg.	donner	30
supprimer *suppress* [A] Reg.	donner	30
supprimer qch à qn *deprive sb of sth* [A] Reg.	donner	30
supputer *calculate* [A] Reg.	donner	30
surcharger de *overload with* [A] Irr.	manger	42
surchauffer *overheat* [A] Reg.	donner	30
surclasser *outclass* [A] Reg.	donner	30
surélever *raise* [A] Irr.	acheter	2
surenchérir sur qn *outbid sb* [A] Reg.	finir	36
surestimer *overrate* [A] Reg.	donner	30
surexciter *over-excite* [A] Reg.	donner	30
surfaire *overestimate* [A] Irr.	*faire	34

surgeler *(deep-)freeze* [A] Irr.	acheter	2
surgir de *loom up from* [A] (occasionally [Ê]) Reg.	finir	36
surmener *overwork* [A] Irr.	acheter	2
surmonter *surmount* [A] Reg.	donner	30
surnommer *nickname* [A] Reg.	donner	30
surpasser en/de *surpass in/by* [A] Reg.	donner	30
surplomber *overhang* [A] Reg.	donner	30
surprendre qn à + INF *surprise sb . . . ing* [A] Irr.	prendre	53
sursauter (de) *give a start; start up (with)* [A] Reg.	donner	30
surseoir à *postpone; suspend* [A] Irr.	surseoir	65
surveiller *supervise* [A] Reg.	donner	30
survenir *occur* [Ê] Irr.	venir	71
survivre à qn *outlive sb* [A] Irr.	vivre	73
survoler *fly over* [A] Reg.	donner	30
susciter qch *give rise to sth* [A] Reg.	donner	30
suspecter de *suspect of* [A] Reg.	donner	30
suspendre à/par *suspend from/by* [A] Reg.	vendre	70
symboliser *symbolize* [A] Reg.	donner	30
sympathiser avec *sympathize with* [A] Reg.	donner	30
synchroniser avec *synchronize with* [A] Reg.	donner	30
systématiser *systematize* [A] Reg.	donner	30
tacher de *stain with* [A] Reg.	donner	30
tâcher de + INF *try to* [A] Reg.	donner	30
tailler *cut* [A] Reg.	donner	30
se taire *be silent* [Ê] Irr.	*plaire	49
tambouriner sur *drum on* [A] Reg.	donner	30
tamiser *filter* [A] Reg.	donner	30
tamponner *plug* [A] Reg.	donner	30
tanguer *pitch* [A] Reg.	donner	30
tanner *tan* [A] Reg.	donner	30

taper *tap* [A] Reg.	donner	30
se tapir *cower* [Ê] Reg.	finir	36
tapisser de *paper in/with* [A] Reg.	donner	30
tapoter *strum* [A] Reg.	donner	30
taquiner *tease* [A] Reg.	donner	30
tarder à + INF *delay . . . ing* [A] Reg.	donner	30
se targuer de *pride oneself on* [Ê] Reg.	donner	30
tarir *dry up* [A] Reg.	finir	36
tartiner de *spread with* [A] Reg.	donner	30
tasser *pack (down)* [A] Reg.	donner	30
tâter *feel* [A] Reg.	donner	30
tâtonner *grope* [A] Reg.	donner	30
tatouer *tattoo* [A] Reg.	donner	30
taxer (de) *tax (with)* [A] Reg.	donner	30
teindre qch en . . . *dye sth . . .* [A] Irr.	craindre	20
teinter de *tint with* [A] Reg.	donner	30
télécopier *fax* [A] Reg.	crier	22
télégraphier *telegraph* [A] Reg.	crier	22
téléphoner à qn *telephone sb* [A] Reg.	donner	30
télescoper *crumple up* [A] Reg.	donner	30
téléviser *televise* [A] Reg.	donner	30
télexer *telex* [A] Reg.	donner	30
témoigner contre/en faveur de *give evidence for/against* [A] Reg.	donner	30
témoigner de qch *bear witness to sth* [A] Reg.	donner	30
tempérer *moderate* [A] Irr.	préférer	52
tempêter contre *rage against* [A] Reg.	donner	30
temporiser *temporize* [A] Reg.	donner	30
tendre *stretch (out)* [A] Reg.	vendre	70
tendre à *tend to* [A] Reg.	vendre	70
tenir *hold* [A] Irr.	tenir	66
tenir à + INF *be keen to* [A] Irr.	tenir	66
il tient à qn de + INF *it's up to sb to* [A] Irr.	tenir	66

tenir pour *be in favour of* [A] Irr.	tenir	66
se tenir *stand; behave well* [Ê] Irr.	tenir	66
se tenir à/s'en tenir à *stick to* [Ê] Irr.	tenir	66
tenter *tempt* [A] Reg.	donner	30
tenter de (sometimes **à**) + INF *try to* [A] Reg.	donner	30
terminer par *end with* [A] Reg.	donner	30
ternir *tarnish* [A] Reg.	finir	36
terrasser *lay low* [A] Reg.	donner	30
se terrer *hole up* [Ê] Reg.	donner	30
terrifier *terrify* [A] Reg.	crier	22
terroriser *terrorize* [A] Reg.	donner	30
tester *test* [A] Reg.	donner	30
téter *suck* [A] Irr.	préférer	52
théoriser *theorize* [A] Reg.	donner	30
tictaquer *tick* [A] Reg.	donner	30
tiédir *become tepid* [A] Reg.	finir	36
timbrer *stamp* [A] Reg.	donner	30
tinter *ring* [A] Reg.	donner	30
tirailler *pull about* [A] Reg.	donner	30
tirer *pull out* [A] Reg.	donner	30
tirer sur *shoot at* [A] Reg.	donner	30
tisonner *poke (fire)* [A] Reg.	donner	30
tisser *weave* [A] Reg.	donner	30
toiser *measure (up)* [A] Reg.	donner	30
tolérer *tolerate* [A] Irr.	préférer	52
tomber *fall; bring down* usually [Ê] ([A] when transitive) Reg.	donner	30
tomber sur qch *come across sth* [Ê] Reg.	donner	30
tondre *shear; mow* [A] Reg.	vendre	70
tonifier *tone up* [A] Reg.	crier	22
tonitruer *thunder* [A] Reg.	donner	30
tonner *thunder* [A] Reg.	donner	30
torcher *wipe* [A] Reg.	donner	30
tordre *twist* [A] Reg.	vendre	70
torpiller *torpedo* [A] Reg.	donner	30

tortiller *twist (up)* [A] Reg.	donner	30
torturer *torture* [A] Reg.	donner	30
totaliser *total* [A] Reg.	donner	30
toucher *touch* [A] Reg.	donner	30
toucher à qch *meddle with sth* [A] Reg.	donner	30
tourbillonner *whirl around* [A] Reg.	donner	30
tourmenter *torment* [A] Reg.	donner	30
tourner *turn* [A] Reg.	donner	30
se tourner vers *turn to/towards* [Ê] Reg.	donner	30
se tourner en *turn into* [Ê] Reg.	donner	30
tournoyer *whirl* [A] Irr.	appuyer	6
tousser *cough* [A] Reg.	donner	30
toussoter *clear one's throat* [A] Reg.	donner	30
tracasser *bother* [A] Reg.	donner	30
tracer *trace* [A] Irr.	commencer	13
traduire de/en *translate from/into* [A] Irr.	conduire	15
trafiquer de/en *traffic in* [A] Reg.	donner	30
trahir *betray* [A] Reg.	finir	36
traîner *drag* [A] Reg.	donner	30
traire *milk* [A] Irr.	traire	67
traiter en/comme *treat as* [A] Reg.	donner	30
tramer *hatch (plot)* [A] Reg.	donner	30
trancher *slice* [A] Reg.	donner	30
trancher sur *stand out against* [A] Reg.	donner	30
tranquilliser qn sur *reassure sb about* [A] Reg.	donner	30
transborder *tranship* [A] Reg.	donner	30
transcender *transcend* [A] Reg.	donner	30
transcrire *transcribe* [A] Irr.	écrire	31
transférer à *transfer to* [A] Irr.	préférer	52
transformer en *transform into* [A] Reg.	donner	30
transfuser à *instil into* [A] Reg.	donner	30
transgresser *transgress* [A] Reg.	donner	30

transiger avec *come to terms with* [A] Irr.	manger	42
transir de *numb with* [A] Reg.	finir	36
transmettre *transmit* [A] Irr.	mettre	43
transmuer en *transmute into* [A] Reg.	donner	30
transparaître *show through* [A] Irr.	connaître	16
transpercer de *transfix with* [A] Irr.	commencer	13
transpirer = *sweat* [A] Reg. = *transpire* [A] or [Ê] Reg.	donner	30
transplanter *transplant* [A] Reg.	donner	30
transporter *transport* [A] Reg.	donner	30
transposer de/en *transpose from/to* [A] Reg.	donner	30
traquer *track (down)* [A] Reg.	donner	30
travailler *work* [A] Reg.	donner	30
traverser *cross* [A] Reg.	donner	30
travestir en *disguise as* [A] Reg.	finir	36
trébucher sur *trip over* [A] occasionally [Ê] Reg.	donner	30
trembler de *tremble with* [A] Reg.	donner	30
trembloter de *quiver with* [A] Reg.	donner	30
se trémousser *fidget* [Ê] Reg.	donner	30
tremper dans *soak; dip in* [A] Reg.	donner	30
trépigner de *dance with; jump for (an emotion)* [A] Reg.	donner	30
tressaillir de *give a start; leap with* [A] Irr.	*cueillir	25
tressauter *start* [A] Reg.	donner	30
tresser *plait* [A] Reg.	donner	30
tricher sur *cheat about* [A] Reg.	donner	30
tricoter *knit* [A] Reg.	donner	30
trier *sort (out)* [A] Reg.	crier	22
triller *trill* [A] Reg.	donner	30
trinquer à *drink to* [A] Reg.	donner	30
triompher de/sur *triumph over* [A] Reg.	donner	30
tripler *treble* [A] Reg.	donner	30

tripoter qch *fiddle with sth; meddle with sth* [A] Reg.	donner	30
tromper qn **sur** qch *deceive sb about sth* [A] Reg.	donner	30
se tromper de qch *mistake sth; be wrong about sth* [Ê] Reg.	donner	30
tronçonner *cut up* [A] Reg.	donner	30
trôner *sit enthroned* [A] Reg.	donner	30
troquer qch **contre** qch *exchange sth for sth* [A] Reg.	donner	30
trotter *trot* [A] Reg.	donner	30
troubler *disturb* [A] Reg.	donner	30
trouer qch *make a hole in sth* [A] Reg.	donner	30
trousser *tuck up* [A] Reg.	donner	30
trouver *find* [A] Reg.	donner	30
se trouver *be; feel* [Ê] Reg.	donner	30
il se trouve que *it turns out that* [Ê] Reg.	donner	30
truffer de *stuff with* [A] Reg.	donner	30
truquer *fake* [A] Reg.	donner	30
tuer de *kill by/with* [A] Reg.	donner	30
tutoyer *say 'tu' to* [A] Irr.	appuyer	6
tyranniser qn *tyrannize over sb* [A] Reg.	donner	30
ulcérer *ulcerate; embitter* [A] Irr.	préférer	52
unifier *unify* [A] Reg.	crier	22
unir à *unite to* [A] Reg.	finir	36
universaliser *make general* [A] Reg.	donner	30
urbaniser *urbanize* [A] Reg.	donner	30
uriner *urinate* [A] Reg.	donner	30
user qch *use sth up; wear sth out* [A] Reg.	donner	30
user de qch *use sth* [A] Reg.	donner	30
usiner *manufacture* [A] Reg.	donner	30
usurper sur *usurp from/upon* [A] Reg.	donner	30
utiliser *use* [A] Reg.	donner	30

vacciner contre *vaccinate against* [A] Reg.	donner	30
vaciller *be unsteady* [A] Reg.	donner	30
vagabonder *wander* [A] Reg.	donner	30
vaguer *roam* [A] Reg.	donner	30
vaincre *conquer* [A] Irr.	vaincre	68
valider *validate* [A] Reg.	donner	30
valoir *be worth* [A] Irr.	valoir	69
valoir la peine de + INF *be worth . . . ing* [A] Irr.	valoir	69
valoir mieux + INF *be better to* [A] Irr.	valoir	69
valser *waltz* [A] Reg.	donner	30
vanner *winnow; sift* [A] Reg.	donner	30
vanter *praise* [A] Reg.	donner	30
se vanter de *boast about* [Ê] Reg.	donner	30
vaporiser *spray* [A] Reg.	donner	30
vaquer *be on vacation* [A] Reg.	donner	30
vaquer à *attend to* [A] Reg.	donner	30
varier *vary* [A] Reg.	crier	22
se vautrer dans *wallow in* [Ê] Reg.	donner	30
végéter *vegetate* [A] Irr.	préférer	52
véhiculer *convey* [A] Reg.	donner	30
veiller *sit up* [A] Reg.	donner	30
veiller sur *look after* [A] Reg.	donner	30
veiller à qch *see to sth* [A] Reg.	donner	30
vendanger *gather grapes* [A] Irr.	manger	42
vendre qch à qn *sell sb sth* [A] Reg.	vendre	70
vénérer *venerate* [A] Irr.	préférer	52
venger de *avenge for* [A] Irr.	manger	42
venir + INF *come and; come to* [Ê] Irr.	venir	71
venir de + INF *have just (done)* [Ê] Irr.	venir	71
verdir *become green* [A] Reg.	finir	36
verdoyer *become green* [A] Irr.	appuyer	6
vérifier *verify* [A] Reg.	crier	22
vernir *varnish* [A] Reg.	finir	36
verrouiller *bolt (door)* [A] Reg.	donner	30

verrouiller *qn bolt sb in* [A] Reg.	donner	30
verser *pour* [A] Reg.	donner	30
versifier *versify* [A] Reg.	crier	22
vêtir *de clothe in* [A] Irr.	vêtir	72
vexer *annoy* [A] Reg.	donner	30
se vexer *de be upset by* [Ê] Reg.	donner	30
vibrer *vibrate* [A] Reg.	donner	30
vicier *pollute* [A] Reg.	crier	22
vidanger *drain* [A] Irr.	manger	42
vider *de empty of* [A] Reg.	donner	30
vieillir *age* [A] occasionally [Ê] Reg.	finir	36
violenter *qn do violence to sb* [A] Reg.	donner	30
violer *violate* [A] Reg.	donner	30
virer *turn* [A] Reg.	donner	30
virevolter *spin round* [A] Reg.	donner	30
viser à *aim at* [A] Reg.	donner	30
visiter *visit; go round* [A] Reg.	donner	30
visser *screw* [A] Reg.	donner	30
vitrer *glaze* [A] Reg.	donner	30
vitrifier *glaze* [A] Reg.	crier	22
vitupérer contre *protest against* [A] Irr.	préférer	52
vivifier *invigorate* [A] Reg.	crier	22
vivre *de qch live on sth* [A] Irr.	vivre	73
vocaliser *vocalize* [A] Reg.	donner	30
vociférer contre *vociferate against* [A] Irr.	préférer	52
voguer *sail* [A] Reg.	donner	30
voiler *veil* [A] Reg.	donner	30
voir *qn* + INF *see sb . . . ing* [A] Irr.	voir	74
voisiner avec *be placed next to* [A] Reg.	donner	30
voiturer *convey* [A] Reg.	donner	30
se volatiliser *dissipate* [Ê] Reg.	donner	30
voler *fly* [A] Reg.	donner	30
voler *qch à qn steal sth from sb* [A] Reg.	donner	30

voleter *flutter* [A] Irr.	jeter	40
voltiger *flutter* [A] Irr.	manger	42
vomir *vomit* [A] Reg.	finir	36
voter pour/contre *vote for/against* [A] Reg.	donner	30
vouer à *dedicate to* [A] Reg.	donner	30
vouloir + INF *want to* [A] Irr.	vouloir	75
en vouloir à qn *have sth against sb* [A] Irr.	vouloir	75
voûter *arch* [A] Reg.	donner	30
vouvoyer *say 'vous' to* [A] Irr.	appuyer	6
voyager *travel* [A] Irr.	manger	42
vriller *whirl (up)* [A] Reg.	donner	30
vrombir *throb* [A] Reg.	finir	36
vulgariser *popularize; vulgarize* [A] Reg.	donner	30
zébrer *streak* [A] Irr.	préférer	52
zézayer *lisp* [A] Irr.	appuyer	6
zigzaguer *zigzag* [A] Reg.	donner	30

1 accroître, *to grow*

perfect infinitive	avoir accru		
present participle	accroissant	*imperative*	accrois
past participle	accru		accroissons
perfect participle	ayant accru		accroissez

present
j'accrois
tu accrois
il accroît
nous accroissons
vous accroissez
ils accroissent

perfect
j'ai accru
tu as accru
il a accru
nous avons accru
vous avez accru
ils ont accru

imperfect
j'accroissais
tu accroissais
il accroissait
nous accroissions
vous accroissiez
ils accroissaient

pluperfect
j'avais accru
tu avais accru
il avait accru
nous avions accru
vous aviez accru
ils avaient accru

future
j'accroîtrai
tu accroîtras
il accroîtra
nous accroîtrons
vous accroîtrez
ils accroîtront

past historic
j'accrus
tu accrus
il accrut
nous accrûmes
vous accrûtes
ils accrurent

conditional
j'accroîtrais
tu accroîtrais
il accroîtrait
nous accroîtrions
vous accroîtriez
ils accroîtraient

present subjunctive
j'accroisse
tu accroisses
il accroisse
nous accroissions
vous accroissiez
ils accroissent

future perfect
j'aurai accru
tu auras accru
il aura accru
nous aurons accru
vous aurez accru
ils auront accru

imperfect subjunctive
j'accrusse
tu accrusses
il accrût
nous accrussions
vous accrussiez
ils accrussent

conditional perfect
j'aurais accru
tu aurais accru
il aurait accru
nous aurions accru
vous auriez accru
ils auraient accru

perfect subjunctive
j'aie accru
tu aies accru
il ait accru
nous ayons accru
vous ayez accru
ils aient accru

past anterior
j'eus accru
tu eus accru
il eut accru
nous eûmes accru
vous eûtes accru
ils eurent accru

pluperfect subjunctive
j'eusse accru
tu eusses accru
il eût accru
nous eussions accru
vous eussiez accru
ils eussent accru

● Verb similarly conjugated, but with some changes:
  recroître, *grow again*
  Past participle: **recrû**, f. **recrue**, pl. **recru(e)s**.

2 acheter, to buy

Changes the **e** to **è** before a syllable containing a mute or unstressed **e**.

perfect infinitive	avoir acheté		
present participle	achetant	*imperative*	achète
past participle	acheté		achetons
perfect participle	ayant acheté		achetez

present
j'achète
tu achètes
il achète
nous achetons
vous achetez
ils achètent

perfect
j'ai acheté
tu as acheté
il a acheté
nous avons acheté
vous avez acheté
ils ont acheté

imperfect
j'achetais
tu achetais
il achetait
nous achetions
vous achetiez
ils achetaient

pluperfect
j'avais acheté
tu avais acheté
il avait acheté
nous avions acheté
vous aviez acheté
ils avaient acheté

future
j'achèterai
tu achèteras
il achètera
nous achèterons
vous achèterez
ils achèteront

past historic
j'achetai
tu achetas
il acheta
nous achetâmes
vous achetâtes
ils achetèrent

conditional
j'achèterais
tu achèterais
il achèterait
nous achèterions
vous achèteriez
ils achèteraient

present subjunctive
j'achète
tu achètes
il achète
nous achetions
vous achetiez
ils achètent

future perfect
j'aurai acheté
tu auras acheté
il aura acheté
nous aurons acheté
vous aurez acheté
ils auront acheté

conditional perfect
j'aurais acheté
tu aurais acheté
il aurait acheté
nous aurions acheté
vous auriez acheté
ils auraient acheté

past anterior
j'eus acheté
tu eus acheté
il eut acheté
nous eûmes acheté
vous eûtes acheté
ils eurent acheté

imperfect subjunctive
j'achetasse
tu achetasses
il achetât
nous achetassions
vous achetassiez
ils achetassent

perfect subjunctive
j'aie acheté
tu aies acheté
il ait acheté
nous ayons acheté
vous ayez acheté
ils aient acheté

pluperfect subjunctive
j'eusse acheté
tu eusses acheté
il eût acheté
nous eussions acheté
vous eussiez acheté
ils eussent acheté

- The **tu** form of the imperative adds an **s** before the pronouns **y** and **en: achètes-en**.

- Verb similarly conjugated, but with some changes:
  breveter, *to patent*
  Normally follows the **acheter** pattern, but occasionally follows the pattern of **appeler**, doubling the consonant: **je brevette, je brevetterai**, etc.

3 acquérir, *to acquire*

perfect infinitive	avoir acquis

present participle	acquérant	*imperative*	acquiers
past participle	acquis		acquérons
perfect participle	ayant acquis		acquérez

present
j'acquiers
tu acquiers
il acquiert
nous acquérons
vous acquérez
ils acquièrent

perfect
j'ai acquis
tu as acquis
il a acquis
nous avons acquis
vous avez acquis
ils ont acquis

imperfect
j'acquérais
tu acquérais
il acquérait
nous acquérions
vous acquériez
ils acquéraient

pluperfect
j'avais acquis
tu avais acquis
il avait acquis
nous avions acquis
vous aviez acquis
ils avaient acquis

future
j'acquerrai
tu acquerras
il acquerra
nous acquerrons
vous acquerrez
ils acquerront

past historic
j'acquis
tu acquis
il acquit
nous acquîmes
vous acquîtes
ils acquirent

conditional
j'acquerrais
tu acquerrais
il acquerrait
nous acquerrions
vous acquerriez
ils acquerraient

present subjunctive
j'acquière
tu acquières
il acquière
nous acquérions
vous acquériez
ils acquièrent

future perfect
j'aurai acquis
tu auras acquis
il aura acquis
nous aurons acquis
vous aurez acquis
ils auront acquis

conditional perfect
j'aurais acquis
tu aurais acquis
il aurait acquis
nous aurions acquis
vous auriez acquis
ils auraient acquis

past anterior
j'eus acquis
tu eus acquis
il eut acquis
nous eûmes acquis
vous eûtes acquis
ils eurent acquis

imperfect subjunctive
j'acquisse
tu acquisses
il acquît
nous acquissions
vous acquissiez
ils acquissent

perfect subjunctive
j'aie acquis
tu aies acquis
il ait acquis
nous ayons acquis
vous ayez acquis
ils aient acquis

pluperfect subjunctive
j'eusse acquis
tu eusses acquis
il eût acquis
nous eussions acquis
vous eussiez acquis
ils eussent acquis

4 aller, *to go*

perfect infinitive	être allé(e)(s)		
present participle	allant	*imperative*	va
past participle	allé(e)(s)		allons
perfect participle	étant allé(e)(s)		allez

present	*perfect*
je vais	je suis allé(e)
tu vas	tu es allé(e)
il va	il est allé
nous allons	nous sommes allé(e)s
vous allez	vous êtes allé(e)(s)
ils vont	ils sont allés

imperfect	*pluperfect*
j'allais	j'étais allé(e)
tu allais	tu étais allé(e)
il allait	il était allé
nous allions	nous étions allé(e)s
vous alliez	vous étiez allé(e)(s)
ils allaient	ils étaient allés

future	*past historic*
j'irai	j'allai
tu iras	tu allas
il ira	il alla
nous irons	nous allâmes
vous irez	vous allâtes
ils iront	ils allèrent

conditional	*present subjunctive*
j'irais	j'aille
tu irais	tu ailles
il irait	il aille
nous irions	nous allions
vous iriez	vous alliez
ils iraient	ils aillent

future perfect
je serai allé(e)
tu seras allé(e)
il sera allé
nous serons allé(e)s
vous serez allé(e)(s)
ils seront allés

conditional perfect
je serais allé(e)
tu serais allé(e)
il serait allé
nous serions allé(e)s
vous seriez allé(e)(s)
ils seraient allés

past anterior
je fus allé(e)
tu fus allé(e)
il fut allé
nous fûmes allé(e)s
vous fûtes allé(e)(s)
ils furent allés

imperfect subjunctive
j'allasse
tu allasses
il allât
nous allassions
vous allassiez
ils allassent

perfect subjunctive
je sois allé(e)
tu sois allé(e)
il soit allé
nous soyons allé(e)s
vous soyez allé(e)(s)
ils soient allés

pluperfect subjunctive
je fusse allé(e)
tu fusses allé(e)
il fût allé
nous fussions allé(e)s
vous fussiez allé(e)(s)
ils fussent allés

• The **tu** form of the imperative adds an **s** before the pronoun **y**: **vas-y**.

5 appeler, *to call*
Changes the **l** to **ll** before a mute or unstressed **e**.

perfect infinitive	avoir appelé

present participle	appelant	*imperative*	appelle
past participle	appelé		appelons
perfect participle	ayant appelé		appelez

present
j'appelle
tu appelles
il appelle
nous appelons
vous appelez
ils appellent

perfect
j'ai appelé
tu as appelé
il a appelé
nous avons appelé
vous avez appelé
ils ont appelé

imperfect
j'appelais
tu appelais
il appelait
nous appelions
vous appeliez
ils appelaient

pluperfect
j'avais appelé
tu avais appelé
il avait appelé
nous avions appelé
vous aviez appelé
ils avaient appelé

future
j'appellerai
tu appelleras
il appellera
nous appellerons
vous appellerez
ils appelleront

past historic
j'appelai
tu appelas
il appela
nous appelâmes
vous appelâtes
ils appelèrent

conditional
j'appellerais
tu appellerais
il appellerait
nous appellerions
vous appelleriez
ils appelleraient

present subjunctive
j'appelle
tu appelles
il appelle
nous appelions
vous appeliez
ils appellent

future perfect
j'aurai appelé
tu auras appelé
il aura appelé
nous aurons appelé
vous aurez appelé
ils auront appelé

conditional perfect
j'aurais appelé
tu aurais appelé
il aurait appelé
nous aurions appelé
vous auriez appelé
ils auraient appelé

past anterior
j'eus appelé
tu eus appelé
il eut appelé
nous eûmes appelé
vous eûtes appelé
ils eurent appelé

imperfect subjunctive
j'appelasse
tu appelasses
il appelât
nous appelassions
vous appelassiez
ils appelassent

perfect subjunctive
j'aie appelé
tu aies appelé
il ait appelé
nous ayons appelé
vous ayez appelé
ils aient appelé

pluperfect subjunctive
j'eusse appelé
tu eusses appelé
il eût appelé
nous eussions appelé
vous eussiez appelé
ils eussent appelé

- The **tu** form of the imperative adds an **s** before the pronouns **y** and **en: appelles-en**.

6 appuyer, *to throw*

Changes the **y** to **i** before a mute or unstressed **e**.
Model for verbs ending **-uyer**, **-oyer** and **-ayer** (the change is optional with **-ayer** verbs).

perfect infinitive	avoir appuyé		
present participle	appuyant	*imperative*	appuie
past participle	appuyé		appuyons
perfect participle	ayant appuyé		appuyez

present	*perfect*
j'appuie	j'ai appuyé
tu appuies	tu as appuyé
il appuie	il a appuyé
nous appuyons	nous avons appuyé
vous appuyez	vous avez appuyé
ils appuient	ils ont appuyé

imperfect	*pluperfect*
j'appuyais	j'avais appuyé
tu appuyais	tu avais appuyé
il appuyait	il avait appuyé
nous appuyions	nous avions appuyé
vous appuyiez	vous aviez appuyé
ils appuyaient	ils avaient appuyé

future	*past historic*
j'appuierai	j'appuyai
tu appuieras	tu appuyas
il appuiera	il appuya
nous appuierons	nous appuyâmes
vous appuierez	vous appuyâtes
ils appuieront	ils appuyèrent

conditional
j'appuierais
tu appuierais
il appuierait
nous appuierions
vous appuieriez
ils appuieraient

present subjunctive
j'appuie
tu appuies
il appuie
nous appuyions
vous appuyiez
ils appuient

future perfect
j'aurai appuyé
tu auras appuyé
il aura appuyé
nous aurons appuyé
vous aurez appuyé
ils auront appuyé

imperfect subjunctive
j'appuyasse
tu appuyasses
il appuyât
nous appuyassions
vous appuyassiez
ils appuyassent

conditional perfect
j'aurais appuyé
tu aurais appuyé
il aurait appuyé
nous aurions appuyé
vous auriez appuyé
ils auraient appuyé

perfect subjunctive
j'aie appuyé
tu aies appuyé
il ait appuyé
nous ayons appuyé
vous ayez appuyé
ils aient appuyé

past anterior
j'eus appuyé
tu eus appuyé
il eut appuyé
nous eûmes appuyé
vous eûtes appuyé
ils eurent appuyé

pluperfect subjunctive
j'eusse appuyé
tu eusses appuyé
il eût appuyé
nous eussions appuyé
vous eussiez appuyé
ils eussent appuyé

- The **tu** form of the imperative adds an **s** before the pronouns **y** and **en: appuies-en**.

7 s'asseoir, *sit down*

perfect infinitive	être assis(e)(s)

present participle	s'asseyant	*imperative*	assieds-toi
past participle	assis(e)(s)		asseyons-nous
perfect participle	s'étant assis(e)(s)		asseyez-vous

present
je m'assieds/assois
tu t'assieds/assois
il s'assied/assoit
nous nous asseyons/assoyons
vous vous asseyez/assoyez
ils s'asseyent/assoient

perfect
je me suis assis(e)
tu t'es assis(e)
il s'est assis
nous nous sommes assis(e)s
vous vous êtes assis(e)(s)
ils se sont assis

imperfect
je m'asseyais
tu t'asseyais
il s'asseyait
nous nous asseyions
vous vous asseyiez
ils s'asseyaient

pluperfect
je m'étais assis(e)
tu t'étais assis(e)
il s'était assis
nous nous étions assis(e)s
vous vous étiez assis(e)(s)
ils s'étaient assis

future
je m'assiérai
tu t'assiéras
il s'assiéra
nous nous assiérons
vous vous assiérez
ils s'assiéront

past historic
je m'assis
tu t'assis
il s'assit
nous nous assîmes
vous vous assîtes
ils s'assirent

conditional
je m'assiérais
tu t'assiérais
il s'assiérait
nous nous assiérions
vous vous assiériez
ils s'assiéraient

present subjunctive
je m'asseye
tu t'asseyes
il s'asseye
nous nous asseyions
vous vous asseyiez
ils s'asseyent

future perfect
je me serai assis(e)
tu te seras assis(e)
il se sera assis
nous nous serons assis(e)s
vous vous serez assis(e)(s)
ils se seront assis

imperfect subjunctive
je m'assisse
tu t'assisses
il s'assît
nous nous assissions
vous vous assissiez
ils s'assissent

conditional perfect
je me serais assis(e)
tu te serais assis(e)
il se serait assis
nous nous serions assis(e)s
vous vous seriez assis(e)(s)
ils se seraient assis

perfect subjunctive
je me sois assis(e)
tu te sois assis(e)
il se soit assis
nous nous soyons assis(e)s
vous vous soyez assis(e)(s)
ils se soient assis

past anterior
je me fus assis(e)
tu te fus assis(e)
il se fut assis
nous nous fûmes assis(e)s
vous vous fûtes assis(e)(s)
ils se furent assis

pluperfect subjunctive
je me fusse assis(e)
tu te fusses assis(e)
il se fût assis
nous nous fussions assis(e)s
vous vous fussiez assis(e)(s)
ils se fussent assis

- The forms of the present tense in -oi are the more common in the spoken language. **Je m'assoyais**, etc. is also sometimes found for the imperfect, **je m'assoirai**, etc. for the future, **je m'assoie**, etc. for the present subjunctive, **s'assoyant** for the present participle and **assois-toi, assoyons-nous, assoyez-vous** for the imperative. Forms in -oi are sometimes spelled -eoi: **on s'asseoit**.

- To be sitting (down) is **être assis**. **Je m'asseyais** means *I was (in the process of) taking a seat*.

- Verb similarly conjugated, but with some changes:
  messeoir, *to be unbecoming*
  Only in literary use. Only present participle and third person forms of the present, imperfect, future, and present subjunctive exist.

8 avoir, *to have*

Auxiliary verb used to form the compound tenses of most verbs.

perfect infinitive	avoir eu

present participle	ayant	*imperative*	aie
past participle	eu		ayons
perfect participle	ayant eu		ayez

present	*perfect*
j'ai	j'ai eu
tu as	tu as eu
il a	il a eu
nous avons	nous avons eu
vous avez	vous avez eu
ils ont	ils ont eu

imperfect	*pluperfect*
j'avais	j'avais eu
tu avais	tu avais eu
il avait	il avait eu
nous avions	nous avions eu
vous aviez	vous aviez eu
ils avaient	ils avaient eu

future	*past historic*
j'aurai	j'eus
tu auras	tu eus
il aura	il eut
nous aurons	nous eûmes
vous aurez	vous eûtes
ils auront	ils eurent

conditional	*present subjunctive*
j'aurais	j'aie
tu aurais	tu aies
il aurait	il ait
nous aurions	nous ayons
vous auriez	vous ayez
ils auraient	ils aient

future perfect
j'aurai eu
tu auras eu
il aura eu
nous aurons eu
vous aurez eu
ils auront eu

conditional perfect
j'aurais eu
tu aurais eu
il aurait eu
nous aurions eu
vous auriez eu
ils auraient eu

past anterior
j'eus eu
tu eus eu
il eut eu
nous eûmes eu
vous eûtes eu
ils eurent eu

imperfect subjunctive
j'eusse
tu eusses
il eût
nous eussions
vous eussiez
ils eussent

perfect subjunctive
j'aie eu
tu aies eu
il ait eu
nous ayons eu
vous ayez eu
ils aient eu

pluperfect subjunctive
j'eusse eu
tu eusses eu
il eût eu
nous eussions eu
vous eussiez eu
ils eussent eu

- Verb similarly conjugated, but with some changes:
  ravoir, *to get back*
  Only the infinitive is in general use; the future and
  conditional (**je raurai,** etc., **je raurais,** etc.) are
  found in colloquial use.

9 **battre,** *to hit*

perfect infinitive	avoir battu

		imperative	bats
present participle	battant		battons
past participle	battu		battez
perfect participle	ayant battu		

present
je bats
tu bats
il bat
nous battons
vous battez
ils battent

perfect
j'ai battu
tu as battu
il a battu
nous avons battu
vous avez battu
ils ont battu

imperfect
je battais
tu battais
il battait
nous battions
vous battiez
ils battaient

pluperfect
j'avais battu
tu avais battu
il avait battu
nous avions battu
vous aviez battu
ils avaient battu

future
je battrai
tu battras
il battra
nous battrons
vous battrez
ils battront

past historic
je battis
tu battis
il battit
nous battîmes
vous battîtes
ils battirent

conditional
je battrais
tu battrais
il battrait
nous battrions
vous battriez
ils battraient

present subjunctive
je batte
tu battes
il batte
nous battions
vous battiez
ils battent

future perfect
j'aurai battu
tu auras battu
il aura battu
nous aurons battu
vous aurez battu
ils auront battu

imperfect subjunctive
je battisse
tu battisses
il battît
nous battissions
vous battissiez
ils battissent

conditional perfect
j'aurais battu
tu aurais battu
il aurait battu
nous aurions battu
vous auriez battu
ils auraient battu

perfect subjunctive
j'aie battu
tu aies battu
il ait battu
nous ayons battu
vous ayez battu
ils aient battu

past anterior
j'eus battu
tu eus battu
il eut battu
nous eûmes battu
vous eûtes battu
ils eurent battu

pluperfect subjunctive
j'eusse battu
tu eusses battu
il eût battu
nous eussions battu
vous eussiez battu
ils eussent battu

10 **boire,** *to drink*

		imperative	bois
perfect infinitive	avoir bu		
present participle	buvant		buvons
past participle	bu		buvez
perfect participle	ayant bu		

present	*perfect*
je bois	j'ai bu
tu bois	tu as bu
il boit	il a bu
nous buvons	nous avons bu
vous buvez	vous avez bu
ils boivent	ils ont bu

imperfect	*pluperfect*
je buvais	j'avais bu
tu buvais	tu avais bu
il buvait	il avait bu
nous buvions	nous avions bu
vous buviez	vous aviez bu
ils buvaient	ils avaient bu

future	*past historic*
je boirai	je bus
tu boiras	tu bus
il boira	il but
nous boirons	nous bûmes
vous boirez	vous bûtes
ils boiront	ils burent

conditional	*present subjunctive*
je boirais	je boive
tu boirais	tu boives
il boirait	il boive
nous boirions	nous buvions
vous boiriez	vous buviez
ils boiraient	ils boivent

future perfect
j'aurai bu
tu auras bu
il aura bu
nous aurons bu
vous aurez bu
ils auront bu

conditional perfect
j'aurais bu
tu aurais bu
il aurait bu
nous aurions bu
vous auriez bu
ils auraient bu

past anterior
j'eus bu
tu eus bu
il eut bu
nous eûmes bu
vous eûtes bu
ils eurent bu

imperfect subjunctive
je busse
tu busses
il bût
nous bussions
vous bussiez
ils bussent

perfect subjunctive
j'aie bu
tu aies bu
il ait bu
nous ayons bu
vous ayez bu
ils aient bu

pluperfect subjunctive
j'eusse bu
tu eusses bu
il eût bu
nous eussions bu
vous eussiez bu
ils eussent bu

11 bouillir, *boil*

perfect infinitive	avoir bouilli	

present participle	bouillant	*imperative*	bous
past participle	bouilli		bouillons
perfect participle	ayant bouilli		bouillez

present
 je bous
 tu bous
 il bout
 nous bouillons
 vous bouillez
 ils bouillent

perfect
 j'ai bouilli
 tu as bouilli
 il a bouilli
 nous avons bouilli
 vous avez bouilli
 ils ont bouilli

imperfect
 je bouillais
 tu bouillais
 il bouillait
 nous bouillions
 vous bouilliez
 ils bouillaient

pluperfect
 j'avais bouilli
 tu avais bouilli
 il avait bouilli
 nous avions bouilli
 vous aviez bouilli
 ils avaient bouilli

future
 je bouillirai
 tu bouilliras
 il bouillira
 nous bouillirons
 vous bouillirez
 ils bouilliront

past historic
 je bouillis
 tu bouillis
 il bouillit
 nous bouillîmes
 vous bouillîtes
 ils bouillirent

conditional
 je bouillirais
 tu bouillirais
 il bouillirait
 nous bouillirions
 vous bouilliriez
 ils bouilliraient

present subjunctive
 je bouille
 tu bouilles
 il bouille
 nous bouillions
 vous bouilliez
 ils bouillent

future perfect
j'aurai bouilli
tu auras bouilli
il aura bouilli
nous aurons bouilli
vous aurez bouilli
ils auront bouilli

conditional perfect
j'aurais bouilli
tu aurais bouilli
il aurait bouilli
nous aurions bouilli
vous auriez bouilli
ils auraient bouilli

past anterior
j'eus bouilli
tu eus bouilli
il eut bouilli
nous eûmes bouilli
vous eûtes bouilli
ils eurent bouilli

imperfect subjunctive
je bouillisse
tu bouillisses
il bouillît
nous bouillissions
vous bouillissiez
ils bouillissent

perfect subjunctive
j'aie bouilli
tu aies bouilli
il ait bouilli
nous ayons bouilli
vous ayez bouilli
ils aient bouilli

pluperfect subjunctive
j'eusse bouilli
tu eusses bouilli
il eût bouilli
nous eussions bouilli
vous eussiez bouilli
ils eussent bouilli

12 **clore,** *to enclose; to close (down)*

perfect infinitive	avoir clos
present participle (rare)	closant *imperative* clos
past participle	clos
perfect participle	ayant clos

present
je clos
tu clos
il clôt
ils closent

perfect
j'ai clos
tu as clos
il a clos
nous avons clos
vous avez clos
ils ont clos

pluperfect
j'avais clos
tu avais clos
il avait clos
nous avions clos
vous aviez clos
ils avaient clos

future (rare)
je clorai
tu cloras
il clora
nous clorons
vous clorez
ils cloront

conditional (rare)
je clorais
tu clorais
il clorait
nous clorions
vous cloriez
ils cloraient

present subjunctive (rare)
je close
tu closes
il close
nous closions
vous closiez
ils closent

future perfect (rare)
j'aurai clos
tu auras clos
il aura clos
nous aurons clos
vous aurez clos
ils auront clos

conditional perfect (rare)
j'aurais clos
tu aurais clos
il aurait clos
nous aurions clos
vous auriez clos
ils auraient clos

perfect subjunctive (rare)
j'aie clos
tu aies clos
il ait clos
nous ayons clos
vous ayez clos
ils aient clos

- Only the forms shown above are found; the verb has been largely replaced by **fermer**.

- Verbs similarly conjugated, but with some changes:

déclore, *to unfence*
Only infinitive and past participle exist.

éclore, *to hatch; to bloom*
Apart from the infinitive, only the **il** and **ils** forms exist, and only of the tenses of **clore** shown above. The auxiliary is usually **être**.

enclore, *to enclose*
Present-tense forms **nous enclosons, vous enclosez** also exist.

forclore, *to foreclose*
Only infinitive and past participle exist.

renclore, *to re-enclose*
Present tense forms **nous renclosons, vous renclosez** also exist.

13 **commencer**, *to begin*
The **c** changes to **ç** before **a** or **o**.

perfect infinitive	avoir commencé		
present participle	commençant	*imperative*	commence
past participle	commencé		commençons
perfect participle	ayant commencé		commencez

present	*perfect*
je commence	j'ai commencé
tu commences	tu as commencé
il commence	il a commencé
nous commençons	nous avons commencé
vous commencez	vous avez commencé
ils commencent	ils ont commencé

imperfect	*pluperfect*
je commençais	j'avais commencé
tu commençais	tu avais commencé
il commençait	il avait commencé
nous commencions	nous avions commencé
vous commenciez	vous aviez commencé
ils commençaient	ils avaient commencé

future	*past historic*
je commencerai	je commençai
tu commenceras	tu commenças
il commencera	il commença
nous commencerons	nous commençâmes
vous commencerez	vous commençâtes
ils commenceront	ils commencèrent

conditional	*present subjunctive*
je commencerais	je commence
tu commencerais	tu commences
il commencerait	il commence
nous commencerions	nous commencions
vous commenceriez	vous commenciez
ils commenceraient	ils commencent

future perfect	*imperfect subjunctive*
j'aurai commencé	je commençasse
tu auras commencé	tu commençasses
il aura commencé	il commençât
nous aurons commencé	nous commençassions
vous aurez commencé	vous commençassiez
ils auront commencé	ils commençassent

conditional perfect	*perfect subjunctive*
j'aurais commencé	j'aie commencé
tu aurais commencé	tu aies commencé
il aurait commencé	il ait commencé
nous aurions commencé	nous ayons commencé
vous auriez commencé	vous ayez commencé
ils auraient commencé	ils aient commencé

past anterior	*pluperfect subjunctive*
j'eus commencé	j'eusse commencé
tu eus commencé	tu eusses commencé
il eut commencé	il eût commencé
nous eûmes commencé	nous eussions commencé
vous eûtes commencé	vous eussiez commencé
ils eurent commencé	ils eussent commencé

- The **tu** form of the imperative adds an **s** before the pronouns **y** and **en: commences-en.**

14 conclure, *to conclude*

perfect infinitive	avoir conclu

		imperative	conclus
present participle	concluant		concluons
past participle	conclu		concluez
perfect participle	ayant conclu		

present
je conclus
tu conclus
il conclut
nous concluons
vous concluez
ils concluent

perfect
j'ai conclu
tu as conclu
il a conclu
nous avons conclu
vous avez conclu
ils ont conclu

imperfect
je concluais
tu concluais
il concluait
nous concluions
vous concluiez
ils concluaient

pluperfect
j'avais conclu
tu avais conclu
il avait conclu
nous avions conclu
vous aviez conclu
ils avaient conclu

future
je conclurai
tu concluras
il conclura
nous conclurons
vous conclurez
ils concluront

past historic
je conclus
tu conclus
il conclut
nous conclûmes
vous conclûtes
ils conclurent

conditional
je conclurais
tu conclurais
il conclurait
nous conclurions
vous concluriez
ils concluraient

present subjunctive
je conclue
tu conclues
il conclue
nous concluions
vous concluiez
ils concluent

future perfect
j'aurai conclu
tu auras conclu
il aura conclu
nous aurons conclu
vous aurez conclu
ils auront conclu

imperfect subjunctive
je conclusse
tu conclusses
il conclût
nous conclussions
vous conclussiez
ils conclussent

conditional perfect
j'aurais conclu
tu aurais conclu
il aurait conclu
nous aurions conclu
vous auriez conclu
ils auraient conclu

perfect subjunctive
j'aie conclu
tu aies conclu
il ait conclu
nous ayons conclu
vous ayez conclu
ils aient conclu

past anterior
j'eus conclu
tu eus conclu
il eut conclu
nous eûmes conclu
vous eûtes conclu
ils eurent conclu

pluperfect subjunctive
j'eusse conclu
tu eusses conclu
il eût conclu
nous eussions conclu
vous eussiez conclu
ils eussent conclu

- Verbs similarly conjugated, but with some changes:
  inclure, *to enclose*
  Past participle: **inclus.** Rarely found except infinitive and past participle.

  occlure, *to occlude; to veil*
  Past participle: **occlus.** Medical and literary use only.

  reclure, *to confine*
  Past participle: **reclus.** Rarely found except infinitive, past participle, and compound tenses.

15 conduire, to drive

perfect infinitive	avoir conduit		
present participle	conduisant	*imperative*	conduis
past participle	conduit		conduisons
perfect participle	ayant conduit		conduisez

present
je conduis
tu conduis
il conduit
nous conduisons
vous conduisez
ils conduisent

perfect
j'ai conduit
tu as conduit
il a conduit
nous avons conduit
vous avez conduit
ils ont conduit

imperfect
je conduisais
tu conduisais
il conduisait
nous conduisions
vous conduisiez
ils conduisaient

pluperfect
j'avais conduit
tu avais conduit
il avait conduit
nous avions conduit
vous aviez conduit
ils avaient conduit

future
je conduirai
tu conduiras
il conduira
nous conduirons
vous conduirez
ils conduiront

past historic
je conduisis
tu conduisis
il conduisit
nous conduisîmes
vous conduisîtes
ils conduisirent

conditional
je conduirais
tu conduirais
il conduirait
nous conduirions
vous conduiriez
ils conduiraient

present subjunctive
je conduise
tu conduises
il conduise
nous conduisions
vous conduisiez
ils conduisent

future perfect
j'aurai conduit
tu auras conduit
il aura conduit
nous aurons conduit
vous aurez conduit
ils auront conduit

imperfect subjunctive
je conduisisse
tu conduisisses
il conduisît
nous conduisissions
vous conduisissiez
ils conduisissent

conditional perfect
j'aurais conduit
tu aurais conduit
il aurait conduit
nous aurions conduit
vous auriez conduit
ils auraient conduit

perfect subjunctive
j'aie conduit
tu aies conduit
il ait conduit
nous ayons conduit
vous ayez conduit
ils aient conduit

past anterior
j'eus conduit
tu eus conduit
il eut conduit
nous eûmes conduit
vous eûtes conduit
ils eurent conduit

pluperfect subjunctive
j'eusse conduit
tu eusses conduit
il eût conduit
nous eussions conduit
vous eussiez conduit
ils eussent conduit

● Verbs similarly conjugated, but with some changes:

luire, *to shine;* **reluire,** *to gleam*

The past participle is **lui;** it·has no feminine form. All forms of all tenses of **luire** other than **il** and **ils** are rare. The past historic and imperfect subjunctive are extremely rare: the past historic form **il luit** exists as well as **il luisit**. All notes to **luire** apply to **reluire**.

nuire, *to harm*

The past participle is **nui;** it has no feminine form.

bruire, *to rumble; to hum*

Only exists in the infinitive, the present participle, the **il** form of the present (**il bruit**) and the **il** and **ils** forms of the imperfect, where it doubles its **s: il bruissait, ils bruissaient.** There are two present participles: **bruissant** may be used verbally or adjectivally, **bruyant** (*noisy*) only adjectivally.

16 connaître, *to know*

perfect infinitive	avoir connu

present participle	connaissant	*imperative*	connais
past participle	connu		connaissons
perfect participle	ayant connu		connaissez

present
je connais
tu connais
il connaît
nous connaissons
vous connaissez
ils connaissent

perfect
j'ai connu
tu as connu
il a connu
nous avons connu
vous avez connu
ils ont connu

imperfect
je connaissais
tu connaissais
il connaissait
nous connaissions
vous connaissiez
ils connaissaient

pluperfect
j'avais connu
tu avais connu
il avait connu
nous avions connu
vous aviez connu
ils avaient connu

future
je connaîtrai
tu connaîtras
il connaîtra
nous connaîtrons
vous connaîtrez
ils connaîtront

past historic
je connus
tu connus
il connut
nous connûmes
vous connûtes
ils connurent

conditional
je connaîtrais
tu connaîtrais
il connaîtrait
nous connaîtrions
vous connaîtriez
ils connaîtraient

present subjunctive
je connaisse
tu connaisses
il connaisse
nous connaissions
vous connaissiez
ils connaissent

future perfect
j'aurai connu
tu auras connu
il aura connu
nous aurons connu
vous aurez connu
ils auront connu

conditional perfect
j'aurais connu
tu aurais connu
il aurait connu
nous aurions connu
vous auriez connu
ils auraient connu

past anterior
j'eus connu
tu eus connu
il eut connu
nous eûmes connu
vous eûtes connu
ils eurent connu

imperfect subjunctive
je connusse
tu connusses
il connût
nous connussions
vous connussiez
ils connussent

perfect subjunctive
j'aie connu
tu aies connu
il ait connu
nous ayons connu
vous ayez connu
ils aient connu

pluperfect subjunctive
j'eusse connu
tu eusses connu
il eût connu
nous eussions connu
vous eussiez connu
ils eussent connu

- Verb similarly conjugated, but with some changes:
  paître, *to graze*
  Not used in past historic, imperfect subjunctive, or any compound tenses.

17 coudre, *to sew*

perfect infinitive	avoir cousu		
present participle	cousant	*imperative*	couds
past participle	cousu		cousons
perfect participle	ayant cousu		cousez

present	*perfect*
je couds	j'ai cousu
tu couds	tu as cousu
il coud	il a cousu
nous cousons	nous avons cousu
vous cousez	vous avez cousu
ils cousent	ils ont cousu

imperfect	*pluperfect*
je cousais	j'avais cousu
tu cousais	tu avais cousu
il cousait	il avait cousu
nous cousions	nous avions cousu
vous cousiez	vous aviez cousu
ils cousaient	ils avaient cousu

future	*past historic*
je coudrai	je cousis
tu coudras	tu cousis
il coudra	il cousit
nous coudrons	nous cousîmes
vous coudrez	vous cousîtes
ils coudront	ils cousirent

conditional	*present subjunctive*
je coudrais	je couse
tu coudrais	tu couses
il coudrait	il couse
nous coudrions	nous cousions
vous coudriez	vous cousiez
ils coudraient	ils cousent

future perfect
j'aurai cousu
tu auras cousu
il aura cousu
nous aurons cousu
vous aurez cousu
ils auront cousu

imperfect subjunctive
je cousisse
tu cousisses
il cousît
nous cousissions
vous cousissiez
ils cousissent

conditional perfect
j'aurais cousu
tu aurais cousu
il aurait cousu
nous aurions cousu
vous auriez cousu
ils auraient cousu

perfect subjunctive
j'aie cousu
tu aies cousu
il ait cousu
nous ayons cousu
vous ayez cousu
ils aient cousu

past anterior
j'eus cousu
tu eus cousu
il eut cousu
nous eûmes cousu
vous eûtes cousu
ils eurent cousu

pluperfect subjunctive
j'eusse cousu
tu eusses cousu
il eût cousu
nous eussions cousu
vous eussiez cousu
ils eussent cousu

18 courir, *to run*

perfect infinitive	avoir couru	
present participle	courant	*imperative* cours
past participle	couru	courons
perfect participle	ayant couru	courez

present
 je cours
 tu cours
 il court
 nous courons
 vous courez
 ils courent

perfect
 j'ai couru
 tu as couru
 il a couru
 nous avons couru
 vous avez couru
 ils ont couru

imperfect
 je courais
 tu courais
 il courait
 nous courions
 vous couriez
 ils couraient

pluperfect
 j'avais couru
 tu avais couru
 il avait couru
 nous avions couru
 vous aviez couru
 ils avaient couru

future
 je courrai
 tu courras
 il courra
 nous courrons
 vous courrez
 ils courront

past historic
 je courus
 tu courus
 il courut
 nous courûmes
 vous courûtes
 ils coururent

conditional
 je courrais
 tu courrais
 il courrait
 nous courrions
 vous courriez
 ils courraient

present subjunctive
 je coure
 tu coures
 il coure
 nous courions
 vous couriez
 ils courent

future perfect
j'aurai couru
tu auras couru
il aura couru
nous aurons couru
vous aurez couru
ils auront couru

conditional perfect
j'aurais couru
tu aurais couru
il aurait couru
nous aurions couru
vous auriez couru
ils auraient couru

past anterior
j'eus couru
tu eus couru
il eut couru
nous eûmes couru
vous eûtes couru
ils eurent couru

imperfect subjunctive
je courusse
tu courusses
il courût
nous courussions
vous courussiez
ils courussent

perfect subjunctive
j'aie couru
tu aies couru
il ait couru
nous ayons couru
vous ayez couru
ils aient couru

pluperfect subjunctive
j'eusse couru
tu eusses couru
il eût couru
nous eussions couru
vous eussiez couru
ils eussent couru

19 couvrir, *to cover*

Model for a group of **-ir** verbs with past participles ending **-ert**.

perfect infinitive	avoir couvert

present participle	couvrant	*imperative*	couvre
past participle	couvert		couvrons
perfect participle	ayant couvert		couvrez

present
je couvre
tu couvres
il couvre
nous couvrons
vous couvrez
ils couvrent

perfect
j'ai couvert
tu as couvert
il a couvert
nous avons couvert
vous avez couvert
ils ont couvert

imperfect
je couvrais
tu couvrais
il couvrait
nous couvrions
vous couvriez
ils couvraient

pluperfect
j'avais couvert
tu avais couvert
il avait couvert
nous avions couvert
vous aviez couvert
ils avaient couvert

future
je couvrirai
tu couvriras
il couvrira
nous couvrirons
vous couvrirez
ils couvriront

past historic
je couvris
tu couvris
il couvrit
nous couvrîmes
vous couvrîtes
ils couvrirent

conditional
je couvrirais
tu couvrirais
il couvrirait
nous couvririons
vous couvririez
ils couvriraient

present subjunctive
je couvre
tu couvres
il couvre
nous couvrions
vous couvriez
ils couvrent

future perfect
j'aurai couvert
tu auras couvert
il aura couvert
nous aurons couvert
vous aurez couvert
ils auront couvert

imperfect subjunctive
je couvrisse
tu couvrisses
il couvrît
nous couvrissions
vous couvrissiez
ils couvrissent

conditional perfect
j'aurais couvert
tu aurais couvert
il aurait couvert
nous aurions couvert
vous auriez couvert
ils auraient couvert

perfect subjunctive
j'aie couvert
tu aies couvert
il ait couvert
nous ayons couvert
vous ayez couvert
ils aient couvert

past anterior
j'eus couvert
tu eus couvert
il eut couvert
nous eûmes couvert
vous eûtes couvert
ils eurent couvert

pluperfect subjunctive
j'eusse couvert
tu eusses couvert
il eût couvert
nous eussions couvert
vous eussiez couvert
ils eussent couvert

- The **tu** form of the imperative adds an **s** before the pronouns **y** and **en: couvres-en.**

20 craindre, *to fear*

Model for verbs ending -[vowel]indre. The possible endings are **-aindre**, **-eindre** (e.g. **peindre**), and **-oindre** (e.g. **joindre**).

perfect infinitive	avoir craint

present participle	craignant	*imperative*	crains
past participle	craint		craignons
perfect participle	ayant craint		craignez

present
je crains
tu crains
il craint
nous craignons
vous craignez
ils craignent

perfect
j'ai craint
tu as craint
il a craint
nous avons craint
vous avez craint
ils ont craint

imperfect
je craignais
tu craignais
il craignait
nous craignions
vous craigniez
ils craignaient

pluperfect
j'avais craint
tu avais craint
il avait craint
nous avions craint
vous aviez craint
ils avaient craint

future
je craindrai
tu craindras
il craindra
nous craindrons
vous craindrez
ils craindront

past historic
je craignis
tu craignis
il craignit
nous craignîmes
vous craignîtes
ils craignirent

future perfect
j'aurai créé
tu auras créé
il aura créé
nous aurons créé
vous aurez créé
ils auront créé

imperfect subjunctive
je créasse
tu créasses
il créât
nous créassions
vous créassiez
ils créassent

conditional perfect
j'aurais créé
tu aurais créé
il aurait créé
nous aurions créé
vous auriez créé
ils auraient créé

perfect subjunctive
j'aie créé
tu aies créé
il ait créé
nous ayons créé
vous ayez créé
ils aient créé

past anterior
j'eus créé
tu eus créé
il eut créé
nous eûmes créé
vous eûtes créé
ils eurent créé

pluperfect subjunctive
j'eusse créé
tu eusses créé
il eût créé
nous eussions créé
vous eussiez créé
ils eussent créé

● The **tu** form of the imperative adds an **s** before the pronouns **y** and **en**: **crées-en**.

22 **crier,** *to cry*

Regular first-conjugation verb, but with stem ending **i**.

perfect infinitive	avoir crié		
present participle	criant	*imperative*	crie
past participle	crié		crions
perfect participle	ayant crié		criez

present	*perfect*
je crie	j'ai crié
tu cries	tu as crié
il crie	il a crié
nous crions	nous avons crié
vous criez	vous avez crié
ils crient	ils ont crié

imperfect	*pluperfect*
je criais	j'avais crié
tu criais	tu avais crié
il criait	il avait crié
nous criions	nous avions crié
vous criiez	vous aviez crié
ils criaient	ils avaient crié

future	*past historic*
je crierai	je criai
tu crieras	tu crias
il criera	il cria
nous crierons	nous criâmes
vous crierez	vous criâtes
ils crieront	ils crièrent

conditional	*present subjunctive*
je crierais	je crie
tu crierais	tu cries
il crierait	il crie
nous crierions	nous criions
vous crieriez	vous criiez
ils crieraient	ils crient

future perfect
j'aurai crié
tu auras crié
il aura crié
nous aurons crié
vous aurez crié
ils auront crié

imperfect subjunctive
je criasse
tu criasses
il criât
nous criassions
vous criassiez
ils criassent

conditional perfect
j'aurais crié
tu aurais crié
il aurait crié
nous aurions crié
vous auriez crié
ils auraient crié

perfect subjunctive
j'aie crié
tu aies crié
il ait crié
nous ayons crié
vous ayez crié
ils aient crié

past anterior
j'eus crié
tu eus crié
il eut crié
nous eûmes crié
vous eûtes crié
ils eurent crié

pluperfect subjunctive
j'eusse crié
tu eusses crié
il eût crié
nous eussions crié
vous eussiez crié
ils eussent crié

- The **tu** form of the imperative adds an **s** before the pronouns **y** and **en: cries-en**.

23 croire, *to believe*

perfect infinitive	avoir cru		

present participle	croyant	*imperative*	crois
past participle	cru		croyons
perfect participle	ayant cru		croyez

present	*perfect*
je crois	j'ai cru
tu crois	tu as cru
il croit	il a cru
nous croyons	nous avons cru
vous croyez	vous avez cru
ils croient	ils ont cru

imperfect	*pluperfect*
je croyais	j'avais cru
tu croyais	tu avais cru
il croyait	il avait cru
nous croyions	nous avions cru
vous croyiez	vous aviez cru
ils croyaient	ils avaient cru

future	*past historic*
je croirai	je crus
tu croiras	tu crus
il croira	il crut
nous croirons	nous crûmes
vous croirez	vous crûtes
ils croiront	ils crurent

conditional	*present subjunctive*
je croirais	je croie
tu croirais	tu croies
il croirait	il croie
nous croirions	nous croyions
vous croiriez	vous croyiez
ils croiraient	ils croient

future perfect
j'aurai cru
tu auras cru
il aura cru
nous aurons cru
vous aurez cru
ils auront cru

imperfect subjunctive
je crusse
tu crusses
il crût
nous crussions
vous crussiez
ils crussent

conditional perfect
j'aurais cru
tu aurais cru
il aurait cru
nous aurions cru
vous auriez cru
ils auraient cru

perfect subjunctive
j'aie cru
tu aies cru
il ait cru
nous ayons cru
vous ayez cru
ils aient cru

past anterior
j'eus cru
tu eus cru
il eut cru
nous eûmes cru
vous eûtes cru
ils eurent cru

pluperfect subjunctive
j'eusse cru
tu eusses cru
il eût cru
nous eussions cru
vous eussiez cru
ils eussent cru

24 croître, *to grow*

Adds a circumflex to differentiate it from parts of **croire**.

perfect infinitive	avoir crû (f: crue; pl: cru(e)s)

present participle	croissant	*imperative* croîs
past participle	crû (f: crue; pl: cru(e)s)	croissons croissez
perfect participle	ayant crû	

present	perfect
je croîs	j'ai crû
tu croîs	tu as crû
il croît	il a crû
nous croissons	nous avons crû
vous croissez	vous avez crû
ils croissent	ils ont crû

imperfect	pluperfect
je croissais	j'avais crû
tu croissais	tu avais crû
il croissait	il avait crû
nous croissions	nous avions crû
vous croissiez	vous aviez crû
ils croissaient	ils avaient crû

future	past historic
je croîtrai	je crûs
tu croîtras	tu crûs
il croîtra	il crût
nous croîtrons	nous crûmes
vous croîtrez	vous crûtes
ils croîtront	ils crûrent

conditional
je croîtrais
tu croîtrais
il croîtrait
nous croîtrions
vous croîtriez
ils croîtraient

present subjunctive
je croisse
tu croisses
il croisse
nous croissions
vous croissiez
ils croissent

future perfect
j'aurai crû
tu auras crû
il aura crû
nous aurons crû
vous aurez crû
ils auront crû

imperfect subjunctive
je crusse
tu crusses
il crût
nous crussions
vous crussiez
ils crussent

conditional perfect
j'aurais crû
tu aurais crû
il aurait crû
nous aurions crû
vous auriez crû
ils auraient crû

perfect subjunctive
j'aie crû
tu aies crû
il ait crû
nous ayons crû
vous ayez crû
ils aient crû

past anterior
j'eus crû
tu eus crû
il eut crû
nous eûmes crû
vous eûtes crû
ils eurent crû

pluperfect subjunctive
j'eusse crû
tu eusses crû
il eût crû
nous eussions crû
vous eussiez crû
ils eussent crû

- Verb similarly conjugated, but with a change:
  décroître, *decrease*
  Past participle: **décru**.

25 cueillir, *to gather; pick*

perfect infinitive avoir cueilli

present participle	cueillant	*imperative*	cueille
past participle	cueilli		cueillons
perfect participle	ayant cueilli		cueillez

present
je cueille
tu cueilles
il cueille
nous cueillons
vous cueillez
ils cueillent

perfect
j'ai cueilli
tu as cueilli
il a cueilli
nous avons cueilli
vous avez cueilli
ils ont cueilli

imperfect
je cueillais
tu cueillais
il cueillait
nous cueillions
vous cueilliez
ils cueillaient

pluperfect
j'avais cueilli
tu avais cueilli
il avait cueilli
nous avions cueilli
vous aviez cueilli
ils avaient cueilli

future
je cueillerai
tu cueilleras
il cueillera
nous cueillerons
vous cueillerez
ils cueilleront

past historic
je cueillis
tu cueillis
il cueillit
nous cueillîmes
vous cueillîtes
ils cueillirent

conditional
je cueillerais
tu cueillerais
il cueillerait
nous cueillerions
vous cueilleriez
ils cueilleraient

present subjunctive
je cueille
tu cueilles
il cueille
nous cueillions
vous cueilliez
ils cueillent

future perfect
j'aurai cueilli
tu auras cueilli
il aura cueilli
nous aurons cueilli
vous aurez cueilli
ils auront cueilli

conditional perfect
j'aurais cueilli
tu aurais cueilli
il aurait cueilli
nous aurions cueilli
vous auriez cueilli
ils auraient cueilli

past anterior
j'eus cueilli
tu eus cueilli
il eut cueilli
nous eûmes cueilli
vous eûtes cueilli
ils eurent cueilli

imperfect subjunctive
je cueillisse
tu cueillisses
il cueillît
nous cueillissions
vous cueillissiez
ils cueillissent

perfect subjunctive
j'aie cueilli
tu aies cueilli
il ait cueilli
nous ayons cueilli
vous ayez cueilli
ils aient cueilli

pluperfect subjunctive
j'eusse cueilli
tu eusses cueilli
il eût cueilli
nous eussions cueilli
vous eussiez cueilli
ils eussent cueilli

- The **tu** form of the imperative adds an **s** before the pronouns **y** and **en: cueilles-en.**

- Verbs similarly conjugated, but with some changes:
  assaillir, *to assault*
  Future, **j'assaillirai,** etc.; conditional, **j'assaillirais,** etc.
  défaillir, *to faint*
  Future (rare), **je défaillirai,** etc., conditional (rare), **je défaillirais,** etc.
  tressaillir, *to give a start*
  Future, **je tressaillirai,** etc.; conditional, **je tressaillirais,** etc.

26 déchoir, *to decay*

perfect infinitive   avoir déchu

past participle   déchu
perfect participle   ayant déchu

present	*perfect*
je déchois	j'ai déchu
tu déchois	tu as déchu
il déchoit	il a déchu
nous déchoyons	nous avons déchu
vous déchoyez	vous avez déchu
ils déchoient	ils ont déchu

	pluperfect
	j'avais déchu
	tu avais déchu
	il avait déchu
	nous avions déchu
	vous aviez déchu
	ils avaient déchu

future	*past historic*
je déchoirai	je déchus
tu déchoiras	tu déchus
il déchoira	il déchut
nous déchoirons	nous déchûmes
vous déchoirez	vous déchûtes
ils déchoiront	ils déchurent

conditional	*present subjunctive*
je déchoirais	je déchoie
tu déchoirais	tu déchoies
il déchoirait	il déchoie
nous déchoirions	nous déchoyions
vous déchoiriez	vous déchoyiez
ils déchoiraient	ils déchoient

future perfect	*imperfect subjunctive*
j'aurai déchu	je déchusse
tu auras déchu	tu déchusses
il aura déchu	il déchût
nous aurons déchu	nous déchussions
vous aurez déchu	vous déchussiez
ils auront déchu	ils déchussent

conditional perfect	*perfect subjunctive*
j'aurais déchu	j'aie déchu
tu aurais déchu	tu aies déchu
il aurait déchu	il ait déchu
nous aurions déchu	nous ayons déchu
vous auriez déchu	vous ayez déchu
ils auraient déchu	ils aient déchu

past anterior	*pluperfect subjunctive*
j'eus déchu	j'eusse déchu
tu eus déchu	tu eusses déchu
il eut déchu	il eût déchu
nous eûmes déchu	nous eussions déchu
vous eûtes déchu	vous eussiez déchu
ils eurent déchu	ils eussent déchu

- **Déchoir** has no present participle, and no imperative or imperfect forms. It is sometimes found conjugated with **être**.

- Verbs similarly conjugated, but with some changes:

  échoir, *to fall (to someone's lot); to fall due*
  Only exists in the infinitive and in **il** forms, though the **ils** form of the conditional also exists (**ils échoiraient**). The imperative, the imperfect, and the present and imperfect subjunctive do not exist. The present participle is **échéant**. The auxiliary is usually **être**.

  choir, *to fall*
  Only exists in modern French in the infinitive and past participle (**chu**). The auxiliary is **être**. **Laisser choir**, *to drop (a friend)* is common.

27 dépecer, *to cut up; to dismember*

A mixture of the **commencer** and **mener** models. The **é**
changes to **è** before a syllable with a silent or unstressed
e; additionally, the **c** changes to **ç** before **a** or **o**.

perfect infinitive	avoir dépecé		
present participle	dépeçant	*imperative*	dépèce
past participle	dépecé		dépeçons
perfect participle	ayant dépecé		dépecez

present
je dépèce
tu dépèces
il dépèce
nous dépeçons
vous dépecez
ils dépècent

perfect
j'ai dépecé
tu as dépecé
il a dépecé
nous avons dépecé
vous avez dépecé
ils ont dépecé

imperfect
je dépeçais
tu dépeçais
il dépeçait
nous dépecions
vous dépeciez
ils dépeçaient

pluperfect
j'avais dépecé
tu avais dépecé
il avait dépecé
nous avions dépecé
vous aviez dépecé
ils avaient dépecé

future
je dépècerai
tu dépèceras
il dépècera
nous dépècerons
vous dépècerez
ils dépèceront

past historic
je dépeçai
tu dépeças
il dépeça
nous dépeçâmes
vous dépeçâtes
ils dépecèrent

conditional
je dépècerais
tu dépècerais
il dépècerait
nous dépècerions
vous dépèceriez
ils dépèceraient

future perfect
j'aurai dépecé
tu auras dépecé
il aura dépecé
nous aurons dépecé
vous aurez dépecé
ils auront dépecé

conditional perfect
j'aurais dépecé
tu aurais dépecé
il aurait dépecé
nous aurions dépecé
vous auriez dépecé
ils auraient dépecé

past anterior
j'eus dépecé
tu eus dépecé
il eut dépecé
nous eûmes dépecé
vous eûtes dépecé
ils eurent dépecé

present subjunctive
je dépèce
tu dépèces
il dépèce
nous dépecions
vous dépeciez
ils dépècent

imperfect subjunctive
je dépeçasse
tu dépeçasses
il dépeçât
nous dépeçassions
vous dépeçassiez
ils dépeçassent

perfect subjunctive
j'aie dépecé
tu aies dépecé
il ait dépecé
nous ayons dépecé
vous ayez dépecé
ils aient dépecé

pluperfect subjunctive
j'eusse dépecé
tu eusses dépecé
il eût dépecé
nous eussions dépecé
vous eussiez dépecé
ils eussent dépecé

● The **tu** form of the imperative adds an **s** before the pronouns **y** and **en: dépèces-en**.

28 devoir, *to owe; to have to*

perfect infinitive	avoir dû (*f:* due; *pl:* du(e)s)	
present participle	devant	*imperative* dois
past participle	dû (*f:* due; *pl:* du(e)s)	devons
		devez
perfect participle	ayant dû (*f:* due; *pl:* du(e)s)	

present
je dois
tu dois
il doit
nous devons
vous devez
ils doivent

perfect
j'ai dû
tu as dû
il a dû
nous avons dû
vous avez dû
ils ont dû

imperfect
je devais
tu devais
il devait
nous devions
vous deviez
ils devaient

pluperfect
j'avais dû
tu avais dû
il avait dû
nous avions dû
vous aviez dû
ils avaient dû

future
je devrai
tu devras
il devra
nous devrons
vous devrez
ils devront

past historic
je dus
tu dus
il dut
nous dûmes
vous dûtes
ils durent

conditional
je devrais
tu devrais
il devrait
nous devrions
vous devriez
ils devraient

present subjunctive
je doive
tu doives
il doive
nous devions
vous deviez
ils doivent

future perfect
j'aurai dû
tu auras dû
il aura dû
nous aurons dû
vous aurez dû
ils auront dû

conditional perfect
j'aurais dû
tu aurais dû
il aurait dû
nous aurions dû
vous auriez dû
ils auraient dû

past anterior
j'eus dû
tu eus dû
il eut dû
nous eûmes dû
vous eûtes dû
ils eurent dû

imperfect subjunctive
je dusse
tu dusses
il dût
nous dussions
vous dussiez
ils dussent

perfect subjunctive
j'aie dû
tu aies dû
il ait dû
nous ayons dû
vous ayez dû
ils aient dû

pluperfect subjunctive
j'eusse dû
tu eusses dû
il eût dû
nous eussions dû
vous eussiez dû
ils eussent dû

29 dire, *to say*

perfect infinitive	avoir dit		
present participle	disant	*imperative*	dis
past participle	dit		disons
perfect participle	ayant dit		dites

present	*perfect*
je dis	j'ai dit
tu dis	tu as dit
il dit	il a dit
nous disons	nous avons dit
vous dites	vous avez dit
ils disent	ils ont dit

imperfect	*pluperfect*
je disais	j'avais dit
tu disais	tu avais dit
il disait	il avait dit
nous disions	nous avions dit
vous disiez	vous aviez dit
ils disaient	ils avaient dit

future	*past historic*
je dirai	je dis
tu diras	tu dis
il dira	il dit
nous dirons	nous dîmes
vous direz	vous dîtes
ils diront	ils dirent

conditional	*present subjunctive*
je dirais	je dise
tu dirais	tu dises
il dirait	il dise
nous dirions	nous disions
vous diriez	vous disiez
ils diraient	ils disent

future perfect
j'aurai dit
tu auras dit
il aura dit
nous aurons dit
vous aurez dit
ils auront dit

conditional perfect
j'aurais dit
tu aurais dit
il aurait dit
nous aurions dit
vous auriez dit
ils auraient dit

past anterior
j'eus dit
tu eus dit
il eut dit
nous eûmes dit
vous eûtes dit
ils eurent dit

imperfect subjunctive
je disse
tu disses
il dît
nous dissions
vous dissiez
ils dissent

perfect subjunctive
j'aie dit
tu aies dit
il ait dit
nous ayons dit
vous ayez dit
ils aient dit

pluperfect subjunctive
j'eusse dit
tu eusses dit
il eût dit
nous eussions dit
vous eussiez dit
ils eussent dit

● Verbs similarly conjugated, but with some changes:
  contredire, *to contradict*
  Vous form of present: **vous contredisez**.
  dédire, *to deny*
  Vous form of present: **vous dédisez**.
  interdire, *to forbid*
  Vous form of present: **vous interdisez**.
  médire, *to speak ill*
  Vous form of present: **vous médisez**.
  prédire, *to predict*
  Vous form of present: **vous prédisez**.

30 donner, *to give*
Model for first-conjugation (**-er**) verbs.

perfect infinitive	avoir donné

		imperative	
present participle	donnant		donne
past participle	donné		donnons
perfect participle	ayant donné		donnez

present	*perfect*
je donne	j'ai donné
tu donnes	tu as donné
il donne	il a donné
nous donnons	nous avons donné
vous donnez	vous avez donné
ils donnent	ils ont donné

imperfect	*pluperfect*
je donnais	j'avais donné
tu donnais	tu avais donné
il donnait	il avait donné
nous donnions	nous avions donné
vous donniez	vous aviez donné
ils donnaient	ils avaient donné

future	*past historic*
je donnerai	je donnai
tu donneras	tu donnas
il donnera	il donna
nous donnerons	nous donnâmes
vous donnerez	vous donnâtes
ils donneront	ils donnèrent

conditional	*present subjunctive*
je donnerais	je donne
tu donnerais	tu donnes
il donnerait	il donne
nous donnerions	nous donnions
vous donneriez	vous donniez
ils donneraient	ils donnent

future perfect
j'aurai donné
tu auras donné
il aura donné
nous aurons donné
vous aurez donné
ils auront donné

imperfect subjunctive
je donnasse
tu donnasses
il donnât
nous donnassions
vous donnassiez
ils donnassent

conditional perfect
j'aurais donné
tu aurais donné
il aurait donné
nous aurions donné
vous auriez donné
ils auraient donné

perfect subjunctive
j'aie donné
tu aies donné
il ait donné
nous ayons donné
vous ayez donné
ils aient donné

past anterior
j'eus donné
tu eus donné
il eut donné
nous eûmes donné
vous eûtes donné
ils eurent donné

pluperfect subjunctive
j'eusse donné
tu eusses donné
il eût donné
nous eussions donné
vous eussiez donné
ils eussent donné

- The **tu** form of the imperative adds an **s** before the pronouns **y** and **en**: **donnes-en**.

- Verbs similarly conjugated, but with some changes:
  se ficher, *make fun*
  Past participle: **fichu**
  Verbs ending **-cer**: see **commencer**, 13, as model.
  Verbs ending **-ger**: see **manger**, 42, as model.
  Verbs ending **-e[consonant]er**: see **acheter**, 2, see **jeter**, 40, and **appeler**, 5, as models.
  Verbs ending **-é[consonant]er**: see **préférer**, 52, as model.

31 écrire, *to write*

perfect infinitive	avoir écrit

present participle	écrivant	*imperative*	écris
past participle	écrit		écrivons
perfect participle	ayant écrit		écrivez

present
j'écris
tu écris
il écrit
nous écrivons
vous écrivez
ils écrivent

perfect
j'ai écrit
tu as écrit
il a écrit
nous avons écrit
vous avez écrit
ils ont écrit

imperfect
j'écrivais
tu écrivais
il écrivait
nous écrivions
vous écriviez
ils écrivaient

pluperfect
j'avais écrit
tu avais écrit
il avait écrit
nous avions écrit
vous aviez écrit
ils avaient écrit

future
j'écrirai
tu écriras
il écrira
nous écrirons
vous écrirez
ils écriront

past historic
j'écrivis
tu écrivis
il écrivit
nous écrivîmes
vous écrivîtes
ils écrivirent

conditional
j'écrirais
tu écrirais
il écrirait
nous écririons
vous écririez
ils écriraient

present subjunctive
j'écrive
tu écrives
il écrive
nous écrivions
vous écriviez
ils écrivent

future perfect
j'aurai écrit
tu auras écrit
il aura écrit
nous aurons écrit
vous aurez écrit
ils auront écrit

conditional perfect
j'aurais écrit
tu aurais écrit
il aurait écrit
nous aurions écrit
vous auriez écrit
ils auraient écrit

past anterior
j'eus écrit
tu eus écrit
il eut écrit
nous eûmes écrit
vous eûtes écrit
ils eurent écrit

imperfect subjunctive
j'écrivisse
tu écrivisses
il écrivît
nous écrivissions
vous écrivissiez
ils écrivissent

perfect subjunctive
j'aie écrit
tu aies écrit
il ait écrit
nous ayons écrit
vous ayez écrit
ils aient écrit

pluperfect subjunctive
j'eusse écrit
tu eusses écrit
il eût écrit
nous eussions écrit
vous eussiez écrit
ils eussent écrit

32 envoyer, *to send*

perfect infinitive	avoir envoyé		
present participle	envoyant	*imperative*	envoie
past participle	envoyé		envoyons
perfect participle	ayant envoyé		envoyez

present	*perfect*
j'envoie	j'ai envoyé
tu envoies	tu as envoyé
il envoie	il a envoyé
nous envoyons	nous avons envoyé
vous envoyez	vous avez envoyé
ils envoient	ils ont envoyé

imperfect	*pluperfect*
j'envoyais	j'avais envoyé
tu envoyais	tu avais envoyé
il envoyait	il avait envoyé
nous envoyions	nous avions envoyé
vous envoyiez	vous aviez envoyé
ils envoyaient	ils avaient envoyé

future	*past historic*
j'enverrai	j'envoyai
tu enverras	tu envoyas
il enverra	il envoya
nous enverrons	nous envoyâmes
vous enverrez	vous envoyâtes
ils enverront	ils envoyèrent

conditional	*present subjunctive*
j'enverrais	j'envoie
tu enverrais	tu envoies
il enverrait	il envoie
nous enverrions	nous envoyions
vous enverriez	vous envoyiez
ils enverraient	ils envoient

future perfect
j'aurai envoyé
tu auras envoyé
il aura envoyé
nous aurons envoyé
vous aurez envoyé
ils auront envoyé

imperfect subjunctive
j'envoyasse
tu envoyasses
il envoyât
nous envoyassions
vous envoyassiez
ils envoyassent

conditional perfect
j'aurais envoyé
tu aurais envoyé
il aurait envoyé
nous aurions envoyé
vous auriez envoyé
ils auraient envoyé

perfect subjunctive
j'aie envoyé
tu aies envoyé
il ait envoyé
nous ayons envoyé
vous ayez envoyé
ils aient envoyé

past anterior
j'eus envoyé
tu eus envoyé
il eut envoyé
nous eûmes envoyé
vous eûtes envoyé
ils eurent envoyé

pluperfect subjunctive
j'eusse envoyé
tu eusses envoyé
il eût envoyé
nous eussions envoyé
vous eussiez envoyé
ils eussent envoyé

- The **tu** form of the imperative adds an **s** before the pronouns **y** and **en: envoies-en**.

33 être, *to be*

Auxiliary verb for the compound tenses of all reflexive verbs and of some verbs of motion and change of state (see pages xv–xvi); also used to form the passive of all verbs (see pages xviii–xxii).

perfect infinitive	avoir été

present participle	étant	*imperative*	sois
past participle	été		soyons
perfect participle	ayant été		soyez

present	*perfect*
je suis	j'ai été
tu es	tu as été
il est	il a été
nous sommes	nous avons été
vous êtes	vous avez été
ils sont	ils ont été

imperfect	*pluperfect*
j'étais	j'avais été
tu étais	tu avais été
il était	il avait été
nous étions	nous avions été
vous étiez	vous aviez été
ils étaient	ils avaient été

future	*past historic*
je serai	je fus
tu seras	tu fus
il sera	il fut
nous serons	nous fûmes
vous serez	vous fûtes
ils seront	ils furent

conditional
je serais
tu serais
il serait
nous serions
vous seriez
ils seraient

future perfect
j'aurai été
tu auras été
il aura été
nous aurons été
vous aurez été
ils auront été

conditional perfect
j'aurais été
tu aurais été
il aurait été
nous aurions été
vous auriez été
ils auraient été

past anterior
j'eus été
tu eus été
il eut été
nous eûmes été
vous eûtes été
ils eurent été

present subjunctive
je sois
tu sois
il soit
nous soyons
vous soyez
ils soient

imperfect subjunctive
je fusse
tu fusses
il fût
nous fussions
vous fussiez
ils fussent

perfect subjunctive
j'aie été
tu aies été
il ait été
nous ayons été
vous ayez été
ils aient été

pluperfect subjunctive
j'eusse été
tu eusses été
il eût été
nous eussions été
vous eussiez été
ils eussent été

34 faire, *to do; to make*

perfect infinitive	avoir fait		
present participle	faisant	*imperative*	fais
past participle	fait		faisons
perfect participle	ayant fait		faites

present	*perfect*
je fais	j'ai fait
tu fais	tu as fait
il fait	il a fait
nous faisons	nous avons fait
vous faites	vous avez fait
ils font	ils ont fait

imperfect	*pluperfect*
je faisais	j'avais fait
tu faisais	tu avais fait
il faisait	il avait fait
nous faisions	nous avions fait
vous faisiez	vous aviez fait
ils faisaient	ils avaient fait

future	*past historic*
je ferai	je fis
tu feras	tu fis
il fera	il fit
nous ferons	nous fîmes
vous ferez	vous fîtes
ils feront	ils firent

conditional	*present subjunctive*
je ferais	je fasse
tu ferais	tu fasses
il ferait	il fasse
nous ferions	nous fassions
vous feriez	vous fassiez
ils feraient	ils fassent

future perfect
j'aurai fait
tu auras fait
il aura fait
nous aurons fait
vous aurez fait
ils auront fait

imperfect subjunctive
je fisse
tu fisses
il fît
nous fissions
vous fissiez
ils fissent

conditional perfect
j'aurais fait
tu aurais fait
il aurait fait
nous aurions fait
vous auriez fait
ils auraient fait

perfect subjunctive
j'aie fait
tu aies fait
il ait fait
nous ayons fait
vous ayez fait
ils aient fait

past anterior
j'eus fait
tu eus fait
il eut fait
nous eûmes fait
vous eûtes fait
ils eurent fait

pluperfect subjunctive
j'eusse fait
tu eusses fait
il eût fait
nous eussions fait
vous eussiez fait
ils eussent fait

● Verbs similarly conjugated, but with some changes:

forfaire, *to fail*
Used only in the infinitive, the compound tenses, and, occasionally, the singular parts of the present tense.

parfaire, *to round off*
Rare apart from the infinitive and the compound tenses.

stupéfaire, *to astound*
Only past participle and compound tenses are in use. Otherwise **stupéfier** (regular **-er** verb) is used.

surfaire, *to overrate*
Only infinitive and present tense in use.

35 **falloir**, *must; to be necessary*

perfect infinitive	avoir fallu
past participle	fallu
perfect participle	ayant fallu

present il faut	*perfect* il a fallu
imperfect il fallait	*pluperfect* il avait fallu
future il faudra	*past historic* il fallut
conditional il faudrait	*present subjunctive* il faille

future perfect il aura fallu	*imperfect subjunctive* il fallût
conditional perfect il aurait fallu	*perfect subjunctive* il ait fallu
past anterior il eut fallu	*pluperfect subjunctive* il eût fallu

- **Falloir** is an impersonal verb used only in the **il** form. It has no present participle.

36 finir, *to finish*
Model for second-conjugation (**-ir**) verbs.

perfect infinitive	avoir fini		
present participle	finissant	*imperative*	finis
past participle	fini		finissons
perfect participle	ayant fini		finissez

present	*perfect*
je finis	j'ai fini
tu finis	tu as fini
il finit	il a fini
nous finissons	nous avons fini
vous finissez	vous avez fini
ils finissent	ils ont fini

imperfect	*pluperfect*
je finissais	j'avais fini
tu finissais	tu avais fini
il finissait	il avait fini
nous finissions	nous avions fini
vous finissiez	vous aviez fini
ils finissaient	ils avaient fini

future	*past historic*
je finirai	je finis
tu finiras	tu finis
il finira	il finit
nous finirons	nous finîmes
vous finirez	vous finîtes
ils finiront	ils finirent

conditional	*present subjunctive*
je finirais	je finisse
tu finirais	tu finisses
il finirait	il finisse
nous finirions	nous finissions
vous finiriez	vous finissiez
ils finiraient	ils finissent

future perfect	*imperfect subjunctive*
j'aurai fini	je finisse
tu auras fini	tu finisses
il aura fini	il finît
nous aurons fini	nous finissions
vous aurez fini	vous finissiez
ils auront fini	ils finissent

conditional perfect	*perfect subjunctive*
j'aurais fini	j'aie fini
tu aurais fini	tu aies fini
il aurait fini	il ait fini
nous aurions fini	nous ayons fini
vous auriez fini	vous ayez fini
ils auraient fini	ils aient fini

past anterior	*pluperfect subjunctive*
j'eus fini	j'eusse fini
tu eus fini	tu eusses fini
il eut fini	il eût fini
nous eûmes fini	nous eussions fini
vous eûtes fini	vous eussiez fini
ils eurent fini	ils eussent fini

- Verbs similarly conjugated, but with some changes:

maudire, *to curse*
Past participle: **maudit**.

bénir, *to bless*
As well as the regular past participle **béni**, this verb has a second past participle **bénit**, used only adjectivally and meaning *ritually blessed* or *holy*:

faillir, *to fail*
Only used in the infinitive, and in the future, the past historic, the conditional, and the compound tenses.

fleurir, *to flower; to prosper*
Regular in the sense of *to flower*; in the sense of *to prosper* has the present participle **florissant** and the imperfect **je florissais**, etc.

impartir, *to assign*
The only forms used are the infinitive, the past participle, the present tense, and the compound tenses.

37 foutre (vulgar), *to do; to chuck*

perfect infinitive	avoir foutu

present participle	foutant	*imperative* fous
past participle	foutu	foutons
perfect participle	ayant foutu	foutez

present
je fous
tu fous
il fout
nous foutons
vous foutez
ils foutent

perfect
j'ai foutu
tu as foutu
il a foutu
nous avons foutu
vous avez foutu
ils ont foutu

imperfect
je foutais
tu foutais
il foutait
nous foutions
vous foutiez
ils foutaient

pluperfect
j'avais foutu
tu avais foutu
il avait foutu
nous avions foutu
vous aviez foutu
ils avaient foutu

future
je foutrai
tu foutras
il foutra
nous foutrons
vous foutrez
ils foutront

conditional
je foutrais
tu foutrais
il foutrait
nous foutrions
vous foutriez
ils foutraient

present subjunctive
je foute
tu foutes
il foute
nous foutions
vous foutiez
ils foutent

future perfect
 j'aurai foutu
 tu auras foutu
 il aura foutu
 nous aurons foutu
 vous aurez foutu
 ils auront foutu

conditional perfect
 j'aurais foutu
 tu aurais foutu
 il aurait foutu
 nous aurions foutu
 vous auriez foutu
 ils auraient foutu

perfect subjunctive
 j'aie foutu
 tu aies foutu
 il ait foutu
 nous ayons foutu
 vous ayez foutu
 ils aient foutu

● **Foutre** has no past historic, past anterior, imperfect subjunctive, or pluperfect subjunctive.

38 fuir, *to flee*

perfect infinitive	avoir fui		
present participle	fuyant	*imperative*	fuis
past participle	fui		fuyons
perfect participle	ayant fui		fuyez

present
je fuis
tu fuis
il fuit
nous fuyons
vous fuyez
ils fuient

perfect
j'ai fui
tu as fui
il a fui
nous avons fui
vous avez fui
ils ont fui

imperfect
je fuyais
tu fuyais
il fuyait
nous fuyions
vous fuyiez
ils fuyaient

pluperfect
j'avais fui
tu avais fui
il avait fui
nous avions fui
vous aviez fui
ils avaient fui

future
je fuirai
tu fuiras
il fuira
nous fuirons
vous fuirez
ils fuiront

past historic
je fuis
tu fuis
il fuit
nous fuîmes
vous fuîtes
ils fuirent

conditional
je fuirais
tu fuirais
il fuirait
nous fuirions
vous fuiriez
ils fuiraient

present subjunctive
je fuie
tu fuies
il fuie
nous fuyions
vous fuyiez
ils fuient

future perfect
j'aurai fui
tu auras fui
il aura fui
nous aurons fui
vous aurez fui
ils auront fui

conditional perfect
j'aurais fui
tu aurais fui
il aurait fui
nous aurions fui
vous auriez fui
ils auraient fui

past anterior
j'eus fui
tu eus fui
il eut fui
nous eûmes fui
vous eûtes fui
ils eurent fui

imperfect subjunctive
je fuisse
tu fuisses
il fuît
nous fuissions
vous fuissiez
ils fuissent

perfect subjunctive
j'aie fui
tu aies fui
il ait fui
nous ayons fui
vous ayez fui
ils aient fui

pluperfect subjunctive
j'eusse fui
tu eusses fui
il eût fui
nous eussions fui
vous eussiez fui
ils eussent fui

● Verb similarly conjugated, but with some changes:
ouïr, *to hear*
The only forms in use are the present and past
participles (**oyant, ouï**), the **vous** form of the
imperative (**oyez**—still used by English town criers),
and occasionally the past historic (**j'ouïs**, etc.) and
future (**j'ouïrai, j'oirai** or **j'orrai**, etc.). Archaic or
humorous except in compound tenses: **j'ai ouï dire**,
etc., *I have heard tell*.

39 haïr, *to hate*

perfect infinitive	avoir haï

present participle	haïssant	*imperative*	hais
past participle	haï		haïssons
perfect participle	ayant haï		haïssez

present	*perfect*
je hais	j'ai haï
tu hais	tu as haï
il hait	il a haï
nous haïssons	nous avons haï
vous haïssez	vous avez haï
ils haïssent	ils ont haï

imperfect	*pluperfect*
je haïssais	j'avais haï
tu haïssais	tu avais haï
il haïssait	il avait haï
nous haïssions	nous avions haï
vous haïssiez	vous aviez haï
ils haïssaient	ils avaient haï

future	*past historic*
je haïrai	je haïs
tu haïras	tu haïs
il haïra	il haït
nous haïrons	nous haïmes
vous haïrez	vous haïtes
ils haïront	ils haïrent

conditional	*present subjunctive*
je haïrais	je haïsse
tu haïrais	tu haïsses
il haïrait	il haïsse
nous haïrions	nous haïssions
vous haïriez	vous haïssiez
ils haïraient	ils haïssent

future perfect
j'aurai haï
tu auras haï
il aura haï
nous aurons haï
vous aurez haï
ils auront haï

imperfect subjunctive
je haïsse
tu haïsses
il haït
nous haïssions
vous haïssiez
ils haïssent

conditional perfect
j'aurais haï
tu aurais haï
il aurait haï
nous aurions haï
vous auriez haï
ils auraient haï

perfect subjunctive
j'aie haï
tu aies haï
il ait haï
nous ayons haï
vous ayez haï
ils aient haï

past anterior
j'eus haï
tu eus haï
il eut haï
nous eûmes haï
vous eûtes haï
ils eurent haï

pluperfect subjunctive
j'eusse haï
tu eusses haï
il eût haï
nous eussions haï
vous eussiez haï
ils eussent haï

40 jeter, *to throw*
Changes the **t** to **tt** before a mute or unstressed **e**.

perfect infinitive	avoir jeté

present participle	jetant	*imperative*	jette
past participle	jeté		jetons
perfect participle	ayant jeté		jetez

present
je jette
tu jettes
il jette
nous jetons
vous jetez
ils jettent

perfect
j'ai jeté
tu as jeté
il a jeté
nous avons jeté
vous avez jeté
ils ont jeté

imperfect
je jetais
tu jetais
il jetait
nous jetions
vous jetiez
ils jetaient

pluperfect
j'avais jeté
tu avais jeté
il avait jeté
nous avions jeté
vous aviez jeté
ils avaient jeté

future
je jetterai
tu jetteras
il jettera
nous jetterons
vous jetterez
ils jetteront

past historic
je jetai
tu jetas
il jeta
nous jetâmes
vous jetâtes
ils jetèrent

conditional
je jetterais
tu jetterais
il jetterait
nous jetterions
vous jetteriez
ils jetteraient

present subjunctive
je jette
tu jettes
il jette
nous jetions
vous jetiez
ils jettent

future perfect
j'aurai jeté
tu auras jeté
il aura jeté
nous aurons jeté
vous aurez jeté
ils auront jeté

imperfect subjunctive
je jetasse
tu jetasses
il jetât
nous jetassions
vous jetassiez
ils jetassent

conditional perfect
j'aurais jeté
tu aurais jeté
il aurait jeté
nous aurions jeté
vous auriez jeté
ils auraient jeté

perfect subjunctive
j'aie jeté
tu aies jeté
il ait jeté
nous ayons jeté
vous ayez jeté
ils aient jeté

past anterior
j'eus jeté
tu eus jeté
il eut jeté
nous eûmes jeté
vous eûtes jeté
ils eurent jeté

pluperfect subjunctive
j'eusse jeté
tu eusses jeté
il eût jeté
nous eussions jeté
vous eussiez jeté
ils eussent jeté

- The **tu** form of the imperative adds an **s** before the pronouns **y** and **en: jettes-en.**

41 lire, *to read*

perfect infinitive	avoir lu		
present participle	lisant	*imperative*	lis
past participle	lu		lisons
perfect participle	ayant lu		lisez

present
je lis
tu lis
il lit
nous lisons
vous lisez
ils lisent

perfect
j'ai lu
tu as lu
il a lu
nous avons lu
vous avez lu
ils ont lu

imperfect
je lisais
tu lisais
il lisait
nous lisions
vous lisiez
ils lisaient

pluperfect
j'avais lu
tu avais lu
il avait lu
nous avions lu
vous aviez lu
ils avaient lu

future
je lirai
tu liras
il lira
nous lirons
vous lirez
ils liront

past historic
je lus
tu lus
il lut
nous lûmes
vous lûtes
ils lurent

conditional
je lirais
tu lirais
il lirait
nous lirions
vous liriez
ils liraient

present subjunctive
je lise
tu lises
il lise
nous lisions
vous lisiez
ils lisent

future perfect
j'aurai lu
tu auras lu
il aura lu
nous aurons lu
vous aurez lu
ils auront lu

conditional perfect
j'aurais lu
tu aurais lu
il aurait lu
nous aurions lu
vous auriez lu
ils auraient lu

past anterior
j'eus lu
tu eus lu
il eut lu
nous eûmes lu
vous eûtes lu
ils eurent lu

imperfect subjunctive
je lusse
tu lusses
il lût
nous lussions
vous lussiez
ils lussent

perfect subjunctive
j'aie lu
tu aies lu
il ait lu
nous ayons lu
vous ayez lu
ils aient lu

pluperfect subjunctive
j'eusse lu
tu eusses lu
il eût lu
nous eussions lu
vous eussiez lu
ils eussent lu

- Verb similarly conjugated, but with some changes:
  gésir, *to lie (dead)*

  Only found in present and imperfect tenses and present participle. **Il** form of present: **il gît**.

42 manger, *to eat*
The g changes to **ge** before **a** or **o**.

perfect infinitive	avoir mangé		
present participle	mangeant	*imperative*	mange
past participle	mangé		mangeons
perfect participle	ayant mangé		mangez

present	*perfect*
je mange	j'ai mangé
tu manges	tu as mangé
il mange	il a mangé
nous mangeons	nous avons mangé
vous mangez	vous avez mangé
ils mangent	ils ont mangé

imperfect	*pluperfect*
je mangeais	j'avais mangé
tu mangeais	tu avais mangé
il mangeait	il avait mangé
nous mangions	nous avions mangé
vous mangiez	vous aviez mangé
ils mangeaient	ils avaient mangé

future	*past historic*
je mangerai	je mangeai
tu mangeras	tu mangeas
il mangera	il mangea
nous mangerons	nous mangeâmes
vous mangerez	vous mangeâtes
ils mangeront	ils mangèrent

conditional	*present subjunctive*
je mangerais	je mange
tu mangerais	tu manges
il mangerait	il mange
nous mangerions	nous mangions
vous mangeriez	vous mangiez
ils mangeraient	ils mangent

future perfect	*imperfect subjunctive*
j'aurai mangé	je mangeasse
tu auras mangé	tu mangeasses
il aura mangé	il mangeât
nous aurons mangé	nous mangeassions
vous aurez mangé	vous mangeassiez
ils auront mangé	ils mangeassent

conditional perfect	*perfect subjunctive*
j'aurais mangé	j'aie mangé
tu aurais mangé	tu aies mangé
il aurait mangé	il ait mangé
nous aurions mangé	nous ayons mangé
vous auriez mangé	vous ayez mangé
ils auraient mangé	ils aient mangé

past anterior	*pluperfect subjunctive*
j'eus mangé	j'eusse mangé
tu eus mangé	tu eusses mangé
il eut mangé	il eût mangé
nous eûmes mangé	nous eussions mangé
vous eûtes mangé	vous eussiez mangé
ils eurent mangé	ils eussent mangé

- The **tu** form of the imperative adds an **s** before the pronouns **y** and **en: manges-en**.

- Verb similarly conjugated, but with some changes:
  démanger, *to itch*
  Only **il** and **ils** forms of tenses are in use (usually with dative of the person involved: **les épaules me démangent,** *my shoulders itch*)

43 **mettre,** *to put*

perfect infinitive	avoir mis

present participle	mettant	*imperative*	mets
past participle	mis		mettons
perfect participle	ayant mis		mettez

present
je mets
tu mets
il met
nous mettons
vous mettez
ils mettent

perfect
j'ai mis
tu as mis
il a mis
nous avons mis
vous avez mis
ils ont mis

imperfect
je mettais
tu mettais
il mettait
nous mettions
vous mettiez
ils mettaient

pluperfect
j'avais mis
tu avais mis
il avait mis
nous avions mis
vous aviez mis
ils avaient mis

future
je mettrai
tu mettras
il mettra
nous mettrons
vous mettrez
ils mettront

past historic
je mis
tu mis
il mit
nous mîmes
vous mîtes
ils mirent

conditional
je mettrais
tu mettrais
il mettrait
nous mettrions
vous mettriez
ils mettraient

present subjunctive
je mette
tu mettes
il mette
nous mettions
vous mettiez
ils mettent

future perfect
j'aurai mis
tu auras mis
il aura mis
nous aurons mis
vous aurez mis
ils auront mis

conditional perfect
j'aurais mis
tu aurais mis
il aurait mis
nous aurions mis
vous auriez mis
ils auraient mis

past anterior
j'eus mis
tu eus mis
il eut mis
nous eûmes mis
vous eûtes mis
ils eurent mis

imperfect subjunctive
je misse
tu misses
il mît
nous missions
vous missiez
ils missent

perfect subjunctive
j'aie mis
tu aies mis
il ait mis
nous ayons mis
vous ayez mis
ils aient mis

pluperfect subjunctive
j'eusse mis
tu eusses mis
il eût mis
nous eussions mis
vous eussiez mis
ils eussent mis

44 moudre, *to grind*

perfect infinitive	avoir moulu		
present participle	moulant	*imperative*	mouds
past participle	moulu		moulons
perfect participle	ayant moulu		moulez

present
je mouds
tu mouds
il moud
nous moulons
vous moulez
ils moulent

perfect
j'ai moulu
tu as moulu
il a moulu
nous avons moulu
vous avez moulu
ils ont moulu

imperfect
je moulais
tu moulais
il moulait
nous moulions
vous mouliez
ils moulaient

pluperfect
j'avais moulu
tu avais moulu
il avait moulu
nous avions moulu
vous aviez moulu
ils avaient moulu

future
je moudrai
tu moudras
il moudra
nous moudrons
vous moudrez
ils moudront

past historic
je moulus
tu moulus
il moulut
nous moulûmes
vous moulûtes
ils moulurent

conditional
je moudrais
tu moudrais
il moudrait
nous moudrions
vous moudriez
ils moudraient

present subjunctive
je moule
tu moules
il moule
nous moulions
vous mouliez
ils moulent

future perfect
j'aurai moulu
tu auras moulu
il aura moulu
nous aurons moulu
vous aurez moulu
ils auront moulu

conditional perfect
j'aurais moulu
tu aurais moulu
il aurait moulu
nous aurions moulu
vous auriez moulu
ils auraient moulu

past anterior
j'eus moulu
tu eus moulu
il eut moulu
nous eûmes moulu
vous eûtes moulu
ils eurent moulu

imperfect subjunctive
je moulusse
tu moulusses
il moulût
nous moulussions
vous moulussiez
ils moulussent

perfect subjunctive
j'aie moulu
tu aies moulu
il ait moulu
nous ayons moulu
vous ayez moulu
ils aient moulu

pluperfect subjunctive
j'eusse moulu
tu eusses moulu
il eût moulu
nous eussions moulu
vous eussiez moulu
ils eussent moulu

45 mourir, *to die*

perfect infinitive	être mort(e)(s)

present participle	mourant	*imperative*	meurs
past participle	mort(e)(s)		mourons
perfect participle	étant mort(e)(s)		mourez

present	*perfect*
je meurs	je suis mort(e)
tu meurs	tu es mort(e)
il meurt	il est mort
nous mourons	nous sommes mort(e)s
vous mourez	vous êtes mort(e)(s)
ils meurent	ils sont morts

imperfect	*pluperfect*
je mourais	j'étais mort(e)
tu mourais	tu étais mort(e)
il mourait	il était mort
nous mourions	nous étions mort(e)s
vous mouriez	vous étiez mort(e)(s)
ils mouraient	ils étaient morts

future	*past historic*
je mourrai	je mourus
tu mourras	tu mourus
il mourra	il mourut
nous mourrons	nous mourûmes
vous mourrez	vous mourûtes
ils mourront	ils moururent

conditional	*present subjunctive*
je mourrais	je meure
tu mourrais	tu meures
il mourrait	il meure
nous mourrions	nous mourions
vous mourriez	vous mouriez
ils mourraient	ils meurent

future perfect
je serai mort(e)
tu seras mort(e)
il sera mort
nous serons mort(e)s
vous serez mort(e)(s)
ils seront morts

imperfect subjunctive
je mourusse
tu mourusses
il mourût
nous mourussions
vous mourussiez
ils mourussent

conditional perfect
je serais mort(e)
tu serais mort(e)
il serait mort
nous serions mort(e)s
vous seriez mort(e)(s)
ils seraient morts

perfect subjunctive
je sois mort(e)
tu sois mort(e)
il soit mort
nous soyons mort(e)s
vous soyez mort(e)(s)
ils soient morts

past anterior
je fus mort(e)
tu fus mort(e)
il fut mort
nous fûmes mort(e)s
vous fûtes mort(e)(s)
ils furent morts

pluperfect subjunctive
je fusse mort(e)
tu fusses mort(e)
il fût mort
nous fussions mort(e)s
vous fussiez mort(e)(s)
ils fussent morts

46 mouvoir, *to drive; to propel*

perfect infinitive	avoir mû (*f:* mue; *pl:* mu(e)s)
present participle	mouvant
past participle	mû (*f:* mue; *pl:* mu(e)s)
perfect participle	ayant mû (*f:* mue; *pl:* mu(e)s)

imperative meus
mouvons
mouvez

---

present	*perfect*
je meus	j'ai mû
tu meus	tu as mû
il meut	il a mû
nous mouvons	nous avons mû
vous mouvez	vous avez mû
ils meuvent	ils ont mû

imperfect	*pluperfect*
je mouvais	j'avais mû
tu mouvais	tu avais mû
il mouvait	il avait mû
nous mouvions	nous avions mû
vous mouviez	vous aviez mû
ils mouvaient	ils avaient mû

future	*past historic (very rare)*
je mouvrai	je mus
tu mouvras	tu mus
il mouvra	il mut
nous mouvrons	nous mûmes
vous mouvrez	vous mûtes
ils mouvront	ils murent

conditional	*present subjunctive*
je mouvrais	je meuve
tu mouvrais	tu meuves
il mouvrait	il meuve
nous mouvrions	nous mouvions
vous mouvriez	vous mouviez
ils mouvraient	ils meuvent

future perfect	*imperfect subjunctive (very rare)*
j'aurai mû	je musse
tu auras mû	tu musses
il aura mû	il mût
nous aurons mû	nous mussions
vous aurez mû	vous mussiez
ils auront mû	ils mussent

conditional perfect	*perfect subjunctive*
j'aurais mû	j'aie mû
tu aurais mû	tu aies mû
il aurait mû	il ait mû
nous aurions mû	nous ayons mû
vous auriez mû	vous ayez mû
ils auraient mû	ils aient mû

past anterior	*pluperfect subjunctive*
j'eus mû	j'eusse mû
tu eus mû	tu eusses mû
il eut mû	il eût mû
nous eûmes mû	nous eussions mû
vous eûtes mû	vous eussiez mû
ils eurent mû	ils eussent mû

- Verbs similarly conjugated, but with some changes:

émouvoir, *to move; to excite*
Past participle: **ému**.

promouvoir, *to promote*
Past participle: **promu**. Only infinitive, present and past participles, and the compound tenses are used.

47 naître, *to be born*

perfect infinitive	être né(e)(s)		

present participle	naissant	*imperative*	nais
past participle	né(e)(s)		naissons
perfect participle	étant né(e)(s)		naissez

present
je nais
tu nais
il naît
nous naissons
vous naissez
ils naissent

perfect
je suis né(e)
tu es né(e)
il est né
nous sommes né(e)s
vous êtes né(e)(s)
ils sont nés

imperfect
je naissais
tu naissais
il naissait
nous naissions
vous naissiez
ils naissaient

pluperfect
j'étais né(e)
tu étais né(e)
il était né
nous étions né(e)s
vous étiez né(e)(s)
ils étaient nés

future
je naîtrai
tu naîtras
il naîtra
nous naîtrons
vous naîtrez
ils naîtront

past historic
je naquis
tu naquis
il naquit
nous naquîmes
vous naquîtes
ils naquirent

conditional
je naîtrais
tu naîtrais
il naîtrait
nous naîtrions
vous naîtriez
ils naîtraient

present subjunctive
je naisse
tu naisses
il naisse
nous naissions
vous naissiez
ils naissent

future perfect
je serai né(e)
tu seras né(e)
il sera né
nous serons né(e)s
vous serez né(e)(s)
ils seront nés

imperfect subjunctive
je naquisse
tu naquisses
il naquît
nous naquissions
vous naquissiez
ils naquissent

conditional perfect
je serais né(e)
tu serais né(e)
il serait né
nous serions né(e)s
vous seriez né(e)(s)
ils seraient nés

perfect subjunctive
je sois né(e)
tu sois né(e)
il soit né
nous soyons né(e)s
vous soyez né(e)(s)
ils soient nés

past anterior
je fus né(e)
tu fus né(e)
il fut né
nous fûmes né(e)s
vous fûtes né(s)(s)
ils furent nés

pluperfect subjunctive
je fusse né(e)
tu fusses né(e)
il fût né
nous fussions né(e)s
vous fussiez né(e)(s)
ils fussent nés

- Verb similarly conjugated, but with some changes:
  renaître, *to be born again*
  No past participle or compound tenses. Past historic and imperfect subjunctive rare.

48 partir, *to leave*

Model for a group of **-ir** verbs that lose the last consonant of their stem in the **je**, **tu**, and **il** forms of the present tense. These verbs end in **-tir**, **-mir** (eg. **dormir: je/tu dors, il dort**), or **-vir** (e.g. **servir, je/tu sers, il sert**).

perfect infinitive	être parti(e)(s)		
present participle	partant	*imperative*	pars
past participle	parti(e)(s)		partons
perfect participle	étant parti(e)(s)		partez

present	*perfect*
je pars	je suis parti(e)
tu pars	tu es parti(e)
il part	il est parti
nous partons	nous sommes parti(e)s
vous partez	vous êtes parti(e)(s)
ils partent	ils sont partis

imperfect	*pluperfect*
je partais	j'étais parti(e)
tu partais	tu étais parti(e)
il partait	il était parti
nous partions	nous étions parti(e)s
vous partiez	vous étiez parti(e)(s)
ils partaient	ils étaient partis

future	*past historic*
je partirai	je partis
tu partiras	tu partis
il partira	il partit
nous partirons	nous partîmes
vous partirez	vous partîtes
ils partiront	ils partirent

conditional
je partirais
tu partirais
il partirait
nous partirions
vous partiriez
ils partiraient

future perfect
je serai parti(e)
tu seras parti(e)
il sera parti
nous serons parti(e)s
vous serez parti(e)(s)
ils seront partis

conditional perfect
je serais parti(e)
tu serais parti(e)
il serait parti
nous serions parti(e)s
vous seriez parti(e)(s)
ils seraient partis

past anterior
je fus parti(e)
tu fus parti(e)
il fut parti
nous fûmes parti(e)s
vous fûtes parti(e)(s)
ils furent partis

present subjunctive
je parte
tu partes
il parte
nous partions
vous partiez
ils partent

imperfect subjunctive
je partisse
tu partisses
il partît
nous partissions
vous partissiez
ils partissent

perfect subjunctive
je sois parti(e)
tu sois parti(e)
il soit parti
nous soyons parti(e)s
vous soyez parti(e)(s)
ils soient partis

pluperfect subjunctive
je fusse parti(e)
tu fusses parti(e)
il fût parti
nous fussions parti(e)s
vous fussiez parti(e)(s)
ils fussent partis

49 plaire, *to please*

perfect infinitive	avoir plu		
present participle	plaisant	*imperative*	plais
past participle	plu		plaisons
perfect participle	ayant plu		plaisez

present
je plais
tu plais
il plaît
nous plaisons
vous plaisez
ils plaisent

perfect
j'ai plu
tu as plu
il a plu
nous avons plu
vous avez plu
ils ont plu

imperfect
je plaisais
tu plaisais
il plaisait
nous plaisions
vous plaisiez
ils plaisaient

pluperfect
j'avais plu
tu avais plu
il avait plu
nous avions plu
vous aviez plu
ils avaient plu

future
je plairai
tu plairas
il plaira
nous plairons
vous plairez
ils plairont

past historic
je plus
tu plus
il plut
nous plûmes
vous plûtes
ils plurent

conditional
je plairais
tu plairais
il plairait
nous plairions
vous plairiez
ils plairaient

present subjunctive
je plaise
tu plaises
il plaise
nous plaisions
vous plaisiez
ils plaisent

future perfect
j'aurai plu
tu auras plu
il aura plu
nous aurons plu
vous aurez plu
ils auront plu

imperfect subjunctive
je plusse
tu plusses
il plût
nous plussions
vous plussiez
ils plussent

conditional perfect
j'aurais plu
tu aurais plu
il aurait plu
nous aurions plu
vous auriez plu
ils auraient plu

perfect subjunctive
j'aie plu
tu aies plu
il ait plu
nous ayons plu
vous ayez plu
ils aient plu

past anterior
j'eus plu
tu eus plu
il eut plu
nous eûmes plu
vous eûtes plu
ils eurent plu

pluperfect subjunctive
j'eusse plu
tu eusses plu
il eût plu
nous eussions plu
vous eussiez plu
ils eussent plu

- Verb similarly conjugated, but with a change:
  se taire, *to be quiet*
  Il form of present: **il se tait** (no circumflex).

50 pleuvoir, *to rain*

perfect infinitive	avoir plu
present participle	pleuvant
past participle	plu
perfect participle	ayant plu

present	*perfect*
il pleut	il a plu
imperfect	*pluperfect*
il pleuvait	il avait plu
future	*past historic*
il pleuvra	il plut
conditional	*present subjunctive*
il pleuvrait	il pleuve

future perfect il aura plu	*imperfect subjunctive* il plût
conditional perfect il aurait plu	*perfect subjunctive* il ait plu
past anterior il eut plu	*pluperfect subjunctive* il eût plu

- **Pleuvoir** is an impersonal verb only found in the **il** forms.

51 pouvoir, *to be able; can*

perfect infinitive	avoir pu
present participle	pouvant
past participle	pu
perfect participle	ayant pu

present
je peux (puis-je?)
tu peux
il peut
nous pouvons
vous pouvez
ils peuvent

perfect
j'ai pu
tu as pu
il a pu
nous avons pu
vous avez pu
ils ont pu

imperfect
je pouvais
tu pouvais
il pouvait
nous pouvions
vous pouviez
ils pouvaient

pluperfect
j'avais pu
tu avais pu
il avait pu
nous avions pu
vous aviez pu
ils avaient pu

future
je pourrai
tu pourras
il pourra
nous pourrons
vous pourrez
ils pourront

past historic
je pus
tu pus
il put
nous pûmes
vous pûtes
ils purent

conditional
je pourrais
tu pourrais
il pourrait
nous pourrions
vous pourriez
ils pourraient

present subjunctive
je puisse
tu puisses
il puisse
nous puissions
vous puissiez
ils puissent

future perfect
j'aurai pu
tu auras pu
il aura pu
nous aurons pu
vous aurez pu
ils auront pu

imperfect subjunctive
je pusse
tu pusses
il pût
nous pussions
vous pussiez
ils pussent

conditional perfect
j'aurais pu
tu aurais pu
il aurait pu
nous aurions pu
vous auriez pu
ils auraient pu

perfect subjunctive
j'aie pu
tu aies pu
il ait pu
nous ayons pu
vous ayez pu
ils aient pu

past anterior
j'eus pu
tu eus pu
il eut pu
nous eûmes pu
vous eûtes pu
ils eurent pu

pluperfect subjunctive
j'eusse pu
tu eusses pu
il eût pu
nous eussions pu
vous eussiez pu
ils eussent pu

• **Je puis** is rare and formal; **puis-je** is, however, almost always used rather than **peux-je** for the question form. **Pouvoir** has no imperative.

52 préférer, *to prefer*

Changes **é** to **è** before a syllable containing a mute **e**, but does not change in the future or conditional.

perfect infinitive	avoir préféré		
present participle	préférant	*imperative*	préfère
past participle	préféré		préférons
perfect participle	ayant préféré		préférez

present
je préfère
tu préfères
il préfère
nous préférons
vous préférez
ils préfèrent

perfect
j'ai préféré
tu as préféré
il a préféré
nous avons préféré
vous avez préféré
ils ont préféré

imperfect
je préférais
tu préférais
il préférait
nous préférions
vous préfériez
ils préféraient

pluperfect
j'avais préféré
tu avais préféré
il avait préféré
nous avions préféré
vous aviez préféré
ils avaient préféré

future
je préférerai
tu préféreras
il préférera
nous préférerons
vous préférerez
ils préféreront

past historic
je préférai
tu préféras
il préféra
nous préférâmes
vous préférâtes
ils préférèrent

conditional
je préférerais
tu préférerais
il préférerait
nous préférerions
vous préféreriez
ils préféreraient

present subjunctive
je préfère
tu préfères
il préfère
nous préférions
vous préfériez
ils préfèrent

future perfect
j'aurai préféré
tu auras préféré
il aura préféré
nous aurons préféré
vous aurez préféré
ils auront préféré

conditional perfect
j'aurais préféré
tu aurais préféré
il aurait préféré
nous aurions préféré
vous auriez préféré
ils auraient préféré

past anterior
j'eus préféré
tu eus préféré
il eut préféré
nous eûmes préféré
vous eûtes préféré
ils eurent préféré

imperfect subjunctive
je préférasse
tu préférasses
il préférât
nous préférassions
vous préférassiez
ils préférassent

perfect subjunctive
j'aie préféré
tu aies préféré
il ait préféré
nous ayons préféré
vous ayez préféré
ils aient préféré

pluperfect subjunctive
j'eusse préféré
tu eusses préféré
il eût préféré
nous eussions préféré
vous eussiez préféré
ils eussent préféré

- The **tu** form of the imperative adds an **s** before the pronouns **y** and **en: préfères-en**.

53 prendre, *to take*

perfect infinitive	avoir pris

present participle	prenant	*imperative*	prends
past participle	pris		prenons
perfect participle	ayant pris		prenez

present
je prends
tu prends
il prend
nous prenons
vous prenez
ils prennent

perfect
j'ai pris
tu as pris
il a pris
nous avons pris
vous avez pris
ils ont pris

imperfect
je prenais
tu prenais
il prenait
nous prenions
vous preniez
ils prenaient

pluperfect
j'avais pris
tu avais pris
il avait pris
nous avions pris
vous aviez pris
ils avaient pris

future
je prendrai
tu prendras
il prendra
nous prendrons
vous prendrez
ils prendront

past historic
je pris
tu pris
il prit
nous prîmes
vous prîtes
ils prirent

conditional
je prendrais
tu prendrais
il prendrait
nous prendrions
vous prendriez
ils prendraient

present subjunctive
je prenne
tu prennes
il prenne
nous prenions
vous preniez
ils prennent

future perfect
j'aurai pris
tu auras pris
il aura pris
nous aurons pris
vous aurez pris
ils auront pris

conditional perfect
j'aurais pris
tu aurais pris
il aurait pris
nous aurions pris
vous auriez pris
ils auraient pris

past anterior
j'eus pris
tu eus pris
il eut pris
nous eûmes pris
vous eûtes pris
ils eurent pris

imperfect subjunctive
je prisse
tu prisses
il prît
nous prissions
vous prissiez
ils prissent

perfect subjunctive
j'aie pris
tu aies pris
il ait pris
nous ayons pris
vous ayez pris
ils aient pris

pluperfect subjunctive
j'eusse pris
tu eusses pris
il eût pris
nous eussions pris
vous eussiez pris
ils eussent pris

54 protéger, *to protect*

A mixture of the **manger** and **préférer** models. The é
changes to è before a syllable containing a silent e:
additionally, the g changes to **ge** before a or o. The é
does not change in the future or conditional.

perfect infinitive	avoir protégé		
present participle	protégeant	*imperative*	protège
past participle	protégé		protégeons
perfect participle	ayant protégé		protégez

present	*perfect*
je protège	j'ai protégé
tu protèges	tu as protégé
il protège	il a protégé
nous protégeons	nous avons protégé
vous protégez	vous avez protégé
ils protègent	ils ont protégé

imperfect	*pluperfect*
je protégeais	j'avais protégé
tu protégeais	tu avais protégé
il protégeait	il avait protégé
nous protégions	nous avions protégé
vous protégiez	vous aviez protégé
ils protégeaient	ils avaient protégé

future	*past historic*
je protégerai	je protégeai
tu protégeras	tu protégeas
il protégera	il protégea
nous protégerons	nous protégeâmes
vous protégerez	vous protégeâtes
ils protégeront	ils protégèrent

conditional
je protégerais
tu protégerais
il protégerait
nous protégerions
vous protégeriez
ils protégeraient

present subjunctive
je protège
tu protèges
il protège
nous protégions
vous protégiez
ils protègent

future perfect
j'aurai protégé
tu auras protégé
il aura protégé
nous aurons protégé
vous aurez protégé
ils auront protégé

imperfect subjunctive
je protégeasse
tu protégeasses
il protégeât
nous protégeassions
vous protégeassiez
ils protégeassent

conditional perfect
j'aurais protégé
tu aurais protégé
il aurait protégé
nous aurions protégé
vous auriez protégé
ils auraient protégé

perfect subjunctive
j'aie protégé
tu aies protégé
il ait protégé
nous ayons protégé
vous ayez protégé
ils aient protégé

past anterior
j'eus protégé
tu eus protégé
il eut protégé
nous eûmes protégé
vous eûtes protégé
ils eurent protégé

pluperfect subjunctive
j'eusse protégé
tu eusses protégé
il eût protégé
nous eussions protégé
vous eussiez protégé
ils eussent protégé

- The **tu** form of the imperative adds an **s** before the pronouns **y** and **en: protèges-en.**

55 rapiécer, *to patch*

A mixture of the **commencer** and **préférer** models:
changes **c** to **ç** before **a** or **o**; also changes **é** to **è** before a
syllable with a mute **e**; does not change the **é** to **è** in the
future or conditional.

perfect infinitive	avoir rapiécé		
present participle	rapiéçant	*imperative*	rapièce
past participle	rapiécé		rapiéçons
perfect participle	ayant rapiécé		rapiécez

present	*perfect*
je rapièce	j'ai rapiécé
tu rapièces	tu as rapiécé
il rapièce	il a rapiécé
nous rapiéçons	nous avons rapiécé
vous rapiécez	vous avez rapiécé
ils rapiècent	ils ont rapiécé

imperfect	*pluperfect*
je rapiéçais	j'avais rapiécé
tu rapiéçais	tu avais rapiécé
il rapiéçait	il avait rapiécé
nous rapiécions	nous avions rapiécé
vous rapiéciez	vous aviez rapiécé
ils rapiéçaient	ils avaient rapiécé

future	*past historic*
je rapiécerai	je rapiéçai
tu rapiéceras	tu rapiéças
il rapiécera	il rapiéça
nous rapiécerons	nous rapiéçâmes
vous rapiécerez	vous rapiéçâtes
ils rapiéceront	ils rapiécèrent

conditional
je rapiécerais
tu rapiécerais
il rapiécerait
nous rapiécerions
vous rapiéceriez
ils rapiéceraient

present subjunctive
je rapièce
tu rapièces
il rapièce
nous rapiécions
vous rapiéciez
ils rapiècent

future perfect
j'aurai rapiécé
tu auras rapiécé
il aura rapiécé
nous aurons rapiécé
vous aurez rapiécé
ils auront rapiécé

imperfect subjunctive
je rapiéçasse
tu rapiéçasses
il rapiéçât
nous rapiéçassions
vous rapiéçassiez
ils rapiéçassent

conditional perfect
j'aurais rapiécé
tu aurais rapiécé
il aurait rapiécé
nous aurions rapiécé
vous auriez rapiécé
ils auraient rapiécé

perfect subjunctive
j'aie rapiécé
tu aies rapiécé
il ait rapiécé
nous ayons rapiécé
vous ayez rapiécé
ils aient rapiécé

past anterior
j'eus rapiécé
tu eus rapiécé
il eut rapiécé
nous eûmes rapiécé
vous eûtes rapiécé
ils eurent rapiécé

pluperfect subjunctive
j'eusse rapiécé
tu eusses rapiécé
il eût rapiécé
nous eussions rapiécé
vous eussiez rapiécé
ils eussent rapiécé

● The **tu** form of the imperative adds an s before the pronouns **y** and **en: rapièces-en**.

56 recevoir, *to receive*

perfect infinitive	avoir reçu

present participle	recevant	*imperative*	reçois
past participle	reçu		recevons
perfect participle	ayant reçu		recevez

present
je reçois
tu reçois
il reçoit
nous recevons
vous recevez
ils reçoivent

perfect
j'ai reçu
tu as reçu
il a reçu
nous avons reçu
vous avez reçu
ils ont reçu

imperfect
je recevais
tu recevais
il recevait
nous recevions
vous receviez
ils recevaient

pluperfect
j'avais reçu
tu avais reçu
il avait reçu
nous avions reçu
vous aviez reçu
ils avaient reçu

future
je recevrai
tu recevras
il recevra
nous recevrons
vous recevrez
ils recevront

past historic
je reçus
tu reçus
il reçut
nous reçûmes
vous reçûtes
ils reçurent

conditional
je recevrais
tu recevrais
il recevrait
nous recevrions
vous recevriez
ils recevraient

present subjunctive
je reçoive
tu reçoives
il reçoive
nous recevions
vous receviez
ils reçoivent

future perfect
j'aurai reçu
tu auras reçu
il aura reçu
nous aurons reçu
vous aurez reçu
ils auront reçu

conditional perfect
j'aurais reçu
tu aurais reçu
il aurait reçu
nous aurions reçu
vous auriez reçu
ils auraient reçu

past anterior
j'eus reçu
tu eus reçu
il eut reçu
nous eûmes reçu
vous eûtes reçu
ils eurent reçu

imperfect subjunctive
je reçusse
tu reçusses
il reçût
nous reçussions
vous reçussiez
ils reçussent

perfect subjunctive
j'aie reçu
tu aies reçu
il ait reçu
nous ayons reçu
vous ayez reçu
ils aient reçu

pluperfect subjunctive
j'eusse reçu
tu eusses reçu
il eût reçu
nous eussions reçu
vous eussiez reçu
ils eussent reçu

57 résoudre, to resolve

perfect infinitive	avoir résolu		
present participle	résolvant	*imperative*	résous
past participle	résolu (résous)		résolvons
perfect participle	ayant résolu		résolvez

present
je résous
tu résous
il résout
nous résolvons
vous résolvez
ils résolvent

perfect
j'ai résolu
tu as résolu
il a résolu
nous avons résolu
vous avez résolu
ils ont résolu

imperfect
je résolvais
tu résolvais
il résolvait
nous résolvions
vous résolviez
ils résolvaient

pluperfect
j'avais résolu
tu avais résolu
il avait résolu
nous avions résolu
vous aviez résolu
ils avaient résolu

future
je résoudrai
tu résoudras
il résoudra
nous résoudrons
vous résoudrez
ils résoudront

past historic
je résolus
tu résolus
il résolut
nous résolûmes
vous résolûtes
ils résolurent

conditional
je résoudrais
tu résoudrais
il résoudrait
nous résoudrions
vous résoudriez
ils résoudraient

present subjunctive
je résolve
tu résolves
il résolve
nous résolvions
vous résolviez
ils résolvent

future perfect
j'aurai résolu
tu auras résolu
il aura résolu
nous aurons résolu
vous aurez résolu
ils auront résolu

imperfect subjunctive
je résolusse
tu résolusses
il résolût
nous résolussions
vous résolussiez
ils résolussent

conditional perfect
j'aurais résolu
tu aurais résolu
il aurait résolu
nous aurions résolu
vous auriez résolu
ils auraient résolu

perfect subjunctive
j'aie résolu
tu aies résolu
il ait résolu
nous ayons résolu
vous ayez résolu
ils aient résolu

past anterior
j'eus résolu
tu eus résolu
il eut résolu
nous eûmes résolu
vous eûtes résolu
ils eurent résolu

pluperfect subjunctive
j'eusse résolu
tu eusses résolu
il eût résolu
nous eussions résolu
vous eussiez résolu
ils eussent résolu

- The past participle **résous** (fem: **résoute**) is rare and is mainly found in scientific use (= *dissolved*).

- Verbs similarly conjugated, but with some changes:
  absoudre, *to pardon; to absolve*
  Past participle: **absous** (fem: **absoute**).
  dissoudre, *to dissolve*
  Past participle: **dissous** (fem: **dissoute**): past historic and imperfect subjunctive not used.

58 rire, to laugh

perfect infinitive	avoir ri	
present participle	riant	*imperative* ris
past participle	ri	rions
perfect participle	ayant ri	riez

present	*perfect*
je ris	j'ai ri
tu ris	tu as ri
il rit	il a ri
nous rions	nous avons ri
vous riez	vous avez ri
ils rient	ils ont ri

imperfect	*pluperfect*
je riais	j'avais ri
tu riais	tu avais ri
il riait	il avait ri
nous riions	nous avions ri
vous riiez	vous aviez ri
ils riaient	ils avaient ri

future	*past historic*
je rirai	je ris
tu riras	tu ris
il rira	il rit
nous rirons	nous rîmes
vous rirez	vous rîtes
ils riront	ils rirent

conditional	*present subjunctive*
je rirais	je rie
tu rirais	tu ries
il rirait	il rie
nous ririons	nous riions
vous ririez	vous riiez
ils riraient	ils rient

future perfect
j'aurai ri
tu auras ri
il aura ri
nous aurons ri
vous aurez ri
ils auront ri

conditional perfect
j'aurais ri
tu aurais ri
il aurait ri
nous aurions ri
vous auriez ri
ils auraient ri

past anterior
j'eus ri
tu eus ri
il eut ri
nous eûmes ri
vous eûtes ri
ils eurent ri

imperfect subjunctive
je risse
tu risses
il rît
nous rissions
vous rissiez
ils rissent

perfect subjunctive
j'aie ri
tu aies ri
il ait ri
nous ayons ri
vous ayez ri
ils aient ri

pluperfect subjunctive
j'eusse ri
tu eusses ri
il eût ri
nous eussions ri
vous eussiez ri
ils eussent ri

● Verb similarly conjugated, but with some changes:
frire, *to fry*
Past participle: **frit**. **Frire** is only used in the **je**, **tu**,
and **il** forms of the present, and in the compound
tenses. Other tenses are supplied by **faire frire**.
Future, conditional, and the **tu** form of the imperative are very occasionally found.

59 rompre, to break

perfect infinitive	avoir rompu		
present participle	rompant	*imperative*	romps
past participle	rompu		rompons
perfect participle	ayant rompu		rompez

present	*perfect*
je romps	j'ai rompu
tu romps	tu as rompu
il rompt	il a rompu
nous rompons	nous avons rompu
vous rompez	vous avez rompu
ils rompent	ils ont rompu

imperfect	*pluperfect*
je rompais	j'avais rompu
tu rompais	tu avais rompu
il rompait	il avait rompu
nous rompions	nous avions rompu
vous rompiez	vous aviez rompu
ils rompaient	ils avaient rompu

future	*past historic*
je romprai	je rompis
tu rompras	tu rompis
il rompra	il rompit
nous romprons	nous rompîmes
vous romprez	vous rompîtes
ils rompront	ils rompirent

conditional	*present subjunctive*
je romprais	je rompe
tu romprais	tu rompes
il romprait	il rompe
nous romprions	nous rompions
vous rompriez	vous rompiez
ils rompraient	ils rompent

future perfect
j'aurai rompu
tu auras rompu
il aura rompu
nous aurons rompu
vous aurez rompu
ils auront rompu

conditional perfect
j'aurais rompu
tu aurais rompu
il aurait rompu
nous aurions rompu
vous auriez rompu
ils auraient rompu

past anterior
j'eus rompu
tu eus rompu
il eut rompu
nous eûmes rompu
vous eûtes rompu
ils eurent rompu

imperfect subjunctive
je rompisse
tu rompisses
il rompît
nous rompissions
vous rompissiez
ils rompissent

perfect subjunctive
j'aie rompu
tu aies rompu
il ait rompu
nous ayons rompu
vous ayez rompu
ils aient rompu

pluperfect subjunctive
j'eusse rompu
tu eusses rompu
il eût rompu
nous eussions rompu
vous eussiez rompu
ils eussent rompu

60 saillir, *to jut out*

perfect infinitive   avoir sailli

present participle   saillant (only used as adjective)
past participle   sailli
perfect participle   ayant sailli

present	*perfect*
il saille	il a sailli
ils saillent	ils ont sailli

imperfect	*pluperfect*
il saillait	il avait sailli
ils saillaient	ils avaient sailli

future	*past historic*
il saillera	il saillit
ils sailleront	ils saillirent

conditional	*present subjunctive*
il saillerait	il saille
ils sailleraient	ils saillent

---

future perfect
il aura sailli
ils auront sailli

conditional perfect
il aurait sailli
ils auraient sailli

past anterior
il eut sailli
ils eurent sailli

imperfect subjunctive
il saillît
ils saillissent

perfect subjunctive
il ait sailli
ils aient sailli

pluperfect subjunctive
il eût sailli
ils eussent sailli

- **Saillir** is only found in the **il** and **ils** forms. It has no imperative. It is occasionally found conjugated as a regular **-ir** verb, like **finir**, 36.

61 savoir, *to know*

perfect infinitive	avoir su

present participle	sachant (savant)	*imperative*	sache
past participle	su		sachons
perfect participle	ayant su		sachez

present
je sais
tu sais
il sait
nous savons
vous savez
ils savent

perfect
j'ai su
tu as su
il a su
nous avons su
vous avez su
ils ont su

imperfect
je savais
tu savais
il savait
nous savions
vous saviez
ils savaient

pluperfect
j'avais su
tu avais su
il avait su
nous avions su
vous aviez su
ils avaient su

future
je saurai
tu sauras
il saura
nous saurons
vous saurez
ils sauront

past historic
je sus
tu sus
il sut
nous sûmes
vous sûtes
ils surent

conditional
je saurais
tu saurais
il saurait
nous saurions
vous sauriez
ils sauraient

present subjunctive
je sache
tu saches
il sache
nous sachions
vous sachiez
ils sachent

future perfect
j'aurai su
tu auras su
il aura su
nous aurons su
vous aurez su
ils auront su

conditional perfect
j'aurais su
tu aurais su
il aurait su
nous aurions su
vous auriez su
ils auraient su

past anterior
j'eus su
tu eus su
il eut su
nous eûmes su
vous eûtes su
ils eurent su

imperfect subjunctive
je susse
tu susses
il sût
nous sussions
vous sussiez
ils sussent

perfect subjunctive
j'aie su
tu aies su
il ait su
nous ayons su
vous ayez su
ils aient su

pluperfect subjunctive
j'eusse su
tu eusses su
il eût su
nous eussions su
vous eussiez su
ils eussent su

- The alternative present participle, **savant**, is only used as an adjective (= *clever; trained*).

62 **seoir,** *to suit; to be fitting*

present participle	séant/seyant	*imperative*	sieds-toi
past participle	sis		seyons-nous
			seyez-vous

present
  il sied
  ils siéent

imperfect
  il seyait
  ils seyaient

future
  il siéra
  ils siéront

conditional   *present subjunctive (rare)*
  il siérait   il siée
  ils siéraient   ils siéent

- **Seoir** is the root verb of **s'asseoir**, but only exists now in the parts shown, including the present-participle form **seyant**, *suitable; becoming*. The participles **séant** and **sis** are used with the meanings *sitting* (= *in session*) and *situated*, and are the only parts of the verb used with these meanings. The imperative forms are used colloquially instead of the same parts of **s'asseoir**. The remaining parts are used where the verb means *to suit* or *to be fitting*.

63 suffire, *to be enough*

perfect infinitive	avoir suffi

present participle	suffisant	*imperative*	suffis
past participle	suffi		suffisons
perfect participle	ayant suffi		suffisez

present	*perfect*
je suffis	j'ai suffi
tu suffis	tu as suffi
il suffit	il a suffi
nous suffisons	nous avons suffi
vous suffisez	vous avez suffi
ils suffisent	ils ont suffi

imperfect	*pluperfect*
je suffisais	j'avais suffi
tu suffisais	tu avais suffi
il suffisait	il avait suffi
nous suffisions	nous avions suffi
vous suffisiez	vous aviez suffi
ils suffisaient	ils avaient suffi

future	*past historic*
je suffirai	je suffis
tu suffiras	tu suffis
il suffira	il suffit
nous suffirons	nous suffîmes
vous suffirez	vous suffîtes
ils suffiront	ils suffirent

conditional	*present subjunctive*
je suffirais	je suffise
tu suffirais	tu suffises
il suffirait	il suffise
nous suffirions	nous suffisions
vous suffiriez	vous suffisiez
ils suffiraient	ils suffisent

future perfect
j'aurai suffi
tu auras suffi
il aura suffi
nous aurons suffi
vous aurez suffi
ils auront suffi

conditional perfect
j'aurais suffi
tu aurais suffi
il aurait suffi
nous aurions suffi
vous auriez suffi
ils auraient suffi

past anterior
j'eus suffi
tu eus suffi
il eut suffi
nous eûmes suffi
vous eûtes suffi
ils eurent suffi

imperfect subjunctive
je suffisse
tu suffisses
il suffît
nous suffissions
vous suffissiez
ils suffissent

perfect subjunctive
j'aie suffi
tu aies suffi
il ait suffi
nous ayons suffi
vous ayez suffi
ils aient suffi

pluperfect subjunctive
j'eusse suffi
tu eusses suffi
il eût suffi
nous eussions suffi
vous eussiez suffi
ils eussent suffi

● Mainly used in the **il** form, as an impersonal verb: **il suffit**, *that's enough*.

● Verbs similarly conjugated, but with some changes:
confire, *to preserve*
Past participle: **confit**.
circoncire, *to circumcise*
Past participle: **circoncis**.

uivre, *to follow*

perfect infinitive	avoir suivi

present participle	suivant	*imperative*	suis
past participle	suivi		suivons
perfect participle	ayant suivi		suivez

present	*perfect*
je suis	j'ai suivi
tu suis	tu as suivi
il suit	il a suivi
nous suivons	nous avons suivi
vous suivez	vous avez suivi
ils suivent	ils ont suivi

imperfect	*pluperfect*
je suivais	j'avais suivi
tu suivais	tu avais suivi
il suivait	il avait suivi
nous suivions	nous avions suivi
vous suiviez	vous aviez suivi
ils suivaient	ils avaient suivi

future	*past historic*
je suivrai	je suivis
tu suivras	tu suivis
il suivra	il suivit
nous suivrons	nous suivîmes
vous suivrez	vous suivîtes
ils suivront	ils suivirent

conditional	*present subjunctive*
je suivrais	je suive
tu suivrais	tu suives
il suivrait	il suive
nous suivrions	nous suivions
vous suivriez	vous suiviez
ils suivraient	ils suivent

future perfect
j'aurai suivi
tu auras suivi
il aura suivi
nous aurons suivi
vous aurez suivi
ils auront suivi

imperfect subjunctive
je suivisse
tu suivisses
il suivît
nous suivissions
vous suivissiez
ils suivissent

conditional perfect
j'aurais suivi
tu aurais suivi
il aurait suivi
nous aurions suivi
vous auriez suivi
ils auraient suivi

perfect subjunctive
j'aie suivi
tu aies suivi
il ait suivi
nous ayons suivi
vous ayez suivi
ils aient suivi

past anterior
j'eus suivi
tu eus suivi
il eut suivi
nous eûmes suivi
vous eûtes suivi
ils eurent suivi

pluperfect subjunctive
j'eusse suivi
tu eusses suivi
il eût suivi
nous eussions suivi
vous eussiez suivi
ils eussent suivi

● Verb similarly conjugated, but with some changes:
s'ensuivre, *to result*
Only used in the **il** and **ils** forms.

65 surseoir (à), *to suspend; to put off*

perfect infinitive	avoir sursis		
present participle	sursoyant	*imperative*	sursois
past participle	sursis		sursoyons
perfect participle	ayant sursis		sursoyez

present
je sursois
tu sursois
il sursoit
nous sursoyons
vous sursoyez
ils sursoient

perfect
j'ai sursis
tu as sursis
il a sursis
nous avons sursis
vous avez sursis
ils ont sursis

imperfect
je sursoyais
tu sursoyais
il sursoyait
nous sursoyions
vous sursoyiez
ils sursoyaient

pluperfect
j'avais sursis
tu avais sursis
il avait sursis
nous avions sursis
vous aviez sursis
ils avaient sursis

future
je surseoirai
tu surseoiras
il surseoira
nous surseoirons
vous surseoirez
ils surseoiront

past historic
je sursis
tu sursis
il sursit
nous sursîmes
vous sursîtes
ils sursirent

conditional
je surseoirais
tu surseoirais
il surseoirait
nous surseoirions
vous surseoiriez
ils surseoiraient

present subjunctive
je sursoie
tu sursoies
il sursoie
nous sursoyions
vous sursoyiez
ils sursoient

future perfect
j'aurai sursis
tu auras sursis
il aura sursis
nous aurons sursis
vous aurez sursis
ils auront sursis

conditional perfect
j'aurais sursis
tu aurais sursis
il aurait sursis
nous aurions sursis
vous auriez sursis
ils auraient sursis

past anterior
j'eus sursis
tu eus sursis
il eut sursis
nous eûmes sursis
vous eûtes sursis
ils eurent sursis

imperfect subjunctive
je sursisse
tu sursisses
il sursît
nous sursissions
vous sursissiez
ils sursissent

perfect subjunctive
j'aie sursis
tu aies sursis
il ait sursis
nous ayons sursis
vous ayez sursis
ils aient sursis

pluperfect subjunctive
j'eusse sursis
tu eusses sursis
il eût sursis
nous eussions sursis
vous eussiez sursis
ils eussent sursis

66 tenir, *to hold*

perfect infinitive	avoir tenu		

present participle	tenant	*imperative*	tiens
past participle	tenu		tenons
perfect participle	ayant tenu		tenez

present	*perfect*
je tiens	j'ai tenu
tu tiens	tu as tenu
il tient	il a tenu
nous tenons	nous avons tenu
vous tenez	vous avez tenu
ils tiennent	ils ont tenu

imperfect	*pluperfect*
je tenais	j'avais tenu
tu tenais	tu avais tenu
il tenait	il avait tenu
nous tenions	nous avions tenu
vous teniez	vous aviez tenu
ils tenaient	ils avaient tenu

future	*past historic*
je tiendrai	je tins
tu tiendras	tu tins
il tiendra	il tint
nous tiendrons	nous tînmes
vous tiendrez	vous tîntes
ils tiendront	ils tinrent

conditional	*present subjunctive*
je tiendrais	je tienne
tu tiendrais	tu tiennes
il tiendrait	il tienne
nous tiendrions	nous tenions
vous tiendriez	vous teniez
ils tiendraient	ils tiennent

future perfect
j'aurai tenu
tu auras tenu
il aura tenu
nous aurons tenu
vous aurez tenu
ils auront tenu

conditional perfect
j'aurais tenu
tu aurais tenu
il aurait tenu
nous aurions tenu
vous auriez tenu
ils auraient tenu

past anterior
j'eus tenu
tu eus tenu
il eut tenu
nous eûmes tenu
vous eûtes tenu
ils eurent tenu

imperfect subjunctive
je tinsse
tu tinsses
il tînt
nous tinssions
vous tinssiez
ils tinssent

perfect subjunctive
j'aie tenu
tu aies tenu
il ait tenu
nous ayons tenu
vous ayez tenu
ils aient tenu

pluperfect subjunctive
j'eusse tenu
tu eusses tenu
il eût tenu
nous eussions tenu
vous eussiez tenu
ils eussent tenu

67 traire, *to milk*

perfect infinitive	avoir trait		
present participle	trayant	*imperative*	trais
past participle	trait		trayons
perfect participle	ayant trait		trayez

present
 je trais
 tu trais
 il trait
 nous trayons
 vous trayez
 ils traient

perfect
 j'ai trait
 tu as trait
 il a trait
 nous avons trait
 vous avez trait
 ils ont trait

imperfect
 je trayais
 tu trayais
 il trayait
 nous trayions
 vous trayiez
 ils trayaient

pluperfect
 j'avais trait
 tu avais trait
 il avait trait
 nous avions trait
 vous aviez trait
 ils avaient trait

future
 je trairai
 tu trairas
 il traira
 nous trairons
 vous trairez
 ils trairont

conditional
 je trairais
 tu trairais
 il trairait
 nous trairions
 vous trairiez
 ils trairaient

present subjunctive
 je traie
 tu traies
 il traie
 nous trayions
 vous trayiez
 ils traient

future perfect
j'aurai trait
tu auras trait
il aura trait
nous aurons trait
vous aurez trait
ils auront trait

conditional perfect
j'aurais trait
tu aurais trait
il aurait trait
nous aurions trait
vous auriez trait
ils auraient trait

perfect subjunctive
j'aie trait
tu aies trait
il ait trait
nous ayons trait
vous ayez trait
ils aient trait

past anterior
j'eus trait
tu eus trait
il eut trait
nous eûmes trait
vous eûtes trait
ils eurent trait

pluperfect subjunctive
j'eusse trait
tu eusses trait
il eût trait
nous eussions trait
vous eussiez trait
ils eussent trait

- **Traire** has no past historic or imperfect subjunctive.

- Verbs similarly conjugated, but with some changes:
  braire, *to bray*
  Only used in the **il** and **ils** forms of the present (**il braît, ils braient**), future (**il braira, ils brairont**) and conditional (**il brairait, ils brairaient**).
  retraire, *to repurchase; to redeem*
  Legal term, only used in infinitive, past participle, and compound tenses.

68 vaincre, *to defeat*

perfect infinitive	avoir vaincu		
present participle	vainquant	*imperative*	vaincs
past participle	vaincu		vainquons
perfect participle	ayant vaincu		vainquez

present	*perfect*
je vaincs	j'ai vaincu
tu vaincs	tu as vaincu
il vainc	il a vaincu
nous vainquons	nous avons vaincu
vous vainquez	vous avez vaincu
ils vainquent	ils ont vaincu

imperfect	*pluperfect*
je vainquais	j'avais vaincu
tu vainquais	tu avais vaincu
il vainquait	il avait vaincu
nous vainquions	nous avions vaincu
vous vainquiez	vous aviez vaincu
ils vainquaient	ils avaient vaincu

future	*past historic*
je vaincrai	je vainquis
tu vaincras	tu vainquis
il vaincra	il vainquit
nous vaincrons	nous vainqîmes
vous vaincrez	vous vainquîtes
ils vaincront	ils vainquirent

conditional	*present subjunctive*
je vaincrais	je vainque
tu vaincrais	tu vainques
il vaincrait	il vainque
nous vaincrions	nous vainquions
vous vaincriez	vous vainquiez
ils vaincraient	ils vainquent

future perfect
j'aurai vaincu
tu auras vaincu
il aura vaincu
nous aurons vaincu
vous aurez vaincu
ils auront vaincu

conditional perfect
j'aurais vaincu
tu aurais vaincu
il aurait vaincu
nous aurions vaincu
vous auriez vaincu
ils auraient vaincu

past anterior
j'eus vaincu
tu eus vaincu
il eut vaincu
nous eûmes vaincu
vous eûtes vaincu
ils eurent vaincu

imperfect subjunctive
je vainquisse
tu vainquisses
il vainqît
nous vainquissions
vous vainquissiez
ils vainquissent

perfect subjunctive
j'aie vaincu
tu aies vaincu
il ait vaincu
nous ayons vaincu
vous ayez vaincu
ils aient vaincu

pluperfect subjunctive
j'eusse vaincu
tu eusses vaincu
il eût vaincu
nous eussions vaincu
vous eussiez vaincu
ils eussent vaincu

69 valoir, *to be worth*

perfect infinitive	avoir valu		
present participle	valant	*imperative (rare)*	vaux
past participle	valu		valons
perfect participle	ayant valu		valez

present	*perfect*
je vaux	j'ai valu
tu vaux	tu as valu
il vaut	il a valu
nous valons	nous avons valu
vous valez	vous avez valu
ils valent	ils ont valu

imperfect	*pluperfect*
je valais	j'avais valu
tu valais	tu avais valu
il valait	il avait valu
nous valions	nous avions valu
vous valiez	vous aviez valu
ils valaient	ils avaient valu

future	*past historic*
je vaudrai	je valus
tu vaudras	tu valus
il vaudra	il valut
nous vaudrons	nous valûmes
vous vaudrez	vous valûtes
ils vaudront	ils valurent

conditional	*present subjunctive*
je vaudrais	je vaille
tu vaudrais	tu vailles
il vaudrait	il vaille
nous vaudrions	nous valions
vous vaudriez	vous valiez
ils vaudraient	ils vaillent

future perfect
j'aurai valu
tu auras valu
il aura valu
nous aurons valu
vous aurez valu
ils auront valu

imperfect subjunctive
je valusse
tu valusses
il valût
nous valussions
vous valussiez
ils valussent

conditional perfect
j'aurais valu
tu aurais valu
il aurait valu
nous aurions valu
vous auriez valu
ils auraient valu

perfect subjunctive
j'aie valu
tu aies valu
il ait valu
nous ayons valu
vous ayez valu
ils aient valu

past anterior
j'eus valu
tu eus valu
il eut valu
nous eûmes valu
vous eûtes valu
ils eurent valu

pluperfect subjunctive
j'eusse valu
tu eusses valu
il eût valu
nous eussions valu
vous eussiez valu
ils eussent valu

- Verbs similarly conjugated, but with some changes:
  prévaloir, *to prevail*
  Present subjunctive: **je prévale**, etc.
  revaloir, *to pay back in kind*
  Only infinitive, future, and conditional used.
  chaloir, *to matter*
  Impersonal verb used only in the expressions **il ne m'en chaut pas** and **peu me chaut**, *it doesn't matter to me*. Found only in **il** form of present, imperfect and present subjunctive.

70 vendre, *to sell*
Model for third-conjugation (**-re**) verbs.

perfect infinitive	avoir vendu		
present participle	vendant	*imperative*	vends
past participle	vendu		vendons
perfect participle	ayant vendu		vendez

present	*perfect*
je vends	j'ai vendu
tu vends	tu as vendu
il vend	il a vendu
nous vendons	nous avons vendu
vous vendez	vous avez vendu
ils vendent	ils ont vendu

imperfect	*pluperfect*
je vendais	j'avais vendu
tu vendais	tu avais vendu
il vendait	il avait vendu
nous vendions	nous avions vendu
vous vendiez	vous aviez vendu
ils vendaient	ils avaient vendu

future	*past historic*
je vendrai	je vendis
tu vendras	tu vendis
il vendra	il vendit
nous vendrons	nous vendîmes
vous vendrez	vous vendîtes
ils vendront	ils vendirent

conditional	*present subjunctive*
je vendrais	je vende
tu vendrais	tu vendes
il vendrait	il vende
nous vendrions	nous vendions
vous vendriez	vous vendiez
ils vendraient	ils vendent

future perfect
j'aurai vendu
tu auras vendu
il aura vendu
nous aurons vendu
vous aurez vendu
ils auront vendu

conditional perfect
j'aurais vendu
tu aurais vendu
il aurait vendu
nous aurions vendu
vous auriez vendu
ils auraient vendu

past anterior
j'eus vendu
tu eus vendu
il eut vendu
nous eûmes vendu
vous eûtes vendu
ils eurent vendu

imperfect subjunctive
je vendisse
tu vendisses
il vendît
nous vendissions
vous vendissiez
ils vendissent

perfect subjunctive
j'aie vendu
tu aies vendu
il ait vendu
nous ayons vendu
vous ayez vendu
ils aient vendu

pluperfect subjunctive
j'eusse vendu
tu eusses vendu
il eût vendu
nous eussions vendu
vous eussiez vendu
ils eussent vendu

- Verbs similarly conjugated, but with some changes:
  battre, *to hit;* **se battre,** *to fight*
  The **je, tu** and **il** forms of the present have only one
  t: je bats, tu bats, il bat; so does the **tu** form of the
  imperative: **bats.**

71 venir, *to come*

perfect infinitive	être venu(e)(s)	
present participle	venant	*imperative* viens
past participle	venu(e)(s)	venons
perfect participle	étant venu(e)(s)	venez

present
je viens
tu viens
il vient
nous venons
vous venez
ils viennent

perfect
je suis venu(e)
tu es venu(e)
il est venu
nous sommes venu(e)s
vous êtes venu(e)(s)
ils sont venus

imperfect
je venais
tu venais
il venait
nous venions
vous veniez
ils venaient

pluperfect
j'étais venu(e)
tu étais venu(e)
il était venu
nous étions venu(e)s
vous étiez venu(e)(s)
ils étaient venus

future
je viendrai
tu viendras
il viendra
nous viendrons
vous viendrez
ils viendront

past historic
je vins
tu vins
il vint
nous vînmes
vous vîntes
ils vinrent

conditional
je viendrais
tu viendrais
il viendrait
nous viendrions
vous viendriez
ils viendraient

present subjunctive
je vienne
tu viennes
il vienne
nous venions
vous veniez
ils viennent

future perfect
 je serai venu(e)
 tu seras venu(e)
 il sera venu
 nous serons venu(e)s
 vous serez venu(e)(s)
 ils seront venus

imperfect subjunctive
 je vinsse
 tu vinsses
 il vînt
 nous vinssions
 vous vinssiez
 ils vinssent

conditional perfect
 je serais venu(e)
 tu serais venu(e)
 il serait venu
 nous serions venu(e)s
 vous seriez venu(e)(s)
 ils seraient venus

perfect subjunctive
 je sois venu(e)
 tu sois venu(e)
 il soit venu
 nous soyons venu(e)s
 vous soyez venu(e)(s)
 ils soient venus

past anterior
 je fus venu(e)
 tu fus venu(e)
 il fut venu
 nous fûmes venu(e)s
 vous fûtes venu(e)(s)
 ils furent venus

pluperfect subjunctive
 je fusse venu(e)
 tu fusses venu(e)
 il fût venu
 nous fussions venu(e)s
 vous fussiez venu(e)(s)
 ils fussent venus

● Verb similarly conjugated, but with some changes:
 advenir, *to occur*
 Only used in the **il** and **ils** forms. The auxiliary is
 être.

72 vêtir, *to dress*

perfect infinitive	avoir vêtu		
present participle	vêtant	*imperative*	vêts
past participle	vêtu		vêtons
perfect participle	ayant vêtu		vêtez

present	*perfect*
je vêts	j'ai vêtu
tu vêts	tu as vêtu
il vêt	il a vêtu
nous vêtons	nous avons vêtu
vous vêtez	vous avez vêtu
ils vêtent	ils ont vêtu

imperfect	*pluperfect*
je vêtais	j'avais vêtu
tu vêtais	tu avais vêtu
il vêtait	il avait vêtu
nous vêtions	nous avions vêtu
vous vêtiez	vous aviez vêtu
ils vêtaient	ils avaient vêtu

future	*past historic*
je vêtirai	je vêtis
tu vêtiras	tu vêtis
il vêtira	il vêtit
nous vêtirons	nous vêtîmes
vous vêtirez	vous vêtîtes
ils vêtiront	ils vêtirent

conditional	*present subjunctive*
je vêtirais	je vête
tu vêtirais	tu vêtes
il vêtirait	il vête
nous vêtirions	nous vêtions
vous vêtiriez	vous vêtiez
ils vêtiraient	ils vêtent

future perfect
j'aurai vêtu
tu auras vêtu
il aura vêtu
nous aurons vêtu
vous aurez vêtu
ils auront vêtu

imperfect subjunctive
je vêtisse
tu vêtisses
il vêtît
nous vêtissions
vous vêtissiez
ils vêtissent

conditional perfect
j'aurais vêtu
tu aurais vêtu
il aurait vêtu
nous aurions vêtu
vous auriez vêtu
ils auraient vêtu

perfect subjunctive
j'aie vêtu
tu aies vêtu
il ait vêtu
nous ayons vêtu
vous ayez vêtu
ils aient vêtu

past anterior
j'eus vêtu
tu eus vêtu
il eut vêtu
nous eûmes vêtu
vous eûtes vêtu
ils eurent vêtu

pluperfect subjunctive
j'eusse vêtu
tu eusses vêtu
il eût vêtu
nous eussions vêtu
vous eussiez vêtu
ils eussent vêtu

● **Vêtir** is occasionally found conjugated as a regular **-ir** verb, on the pattern of **finir**, 36.

73 vivre, *to live*

perfect infinitive	avoir vécu

present participle	vivant	*imperative* vis
past participle	vécu	vivons
perfect participle	ayant vécu	vivez

present
je vis
tu vis
il vit
nous vivons
vous vivez
ils vivent

perfect
j'ai vécu
tu as vécu
il a vécu
nous avons vécu
vous avez vécu
ils ont vécu

imperfect
je vivais
tu vivais
il vivait
nous vivions
vous viviez
ils vivaient

pluperfect
j'avais vécu
tu avais vécu
il avait vécu
nous avions vécu
vous aviez vécu
ils avaient vécu

future
je vivrai
tu vivras
il vivra
nous vivrons
vous vivrez
ils vivront

past historic
je vécus
tu vécus
il vécut
nous vécûmes
vous vécûtes
ils vécurent

conditional
je vivrais
tu vivrais
il vivrait
nous vivrions
vous vivriez
ils vivraient

present subjunctive
je vive
tu vives
il vive
nous vivions
vous viviez
ils vivent

future perfect
j'aurai vécu
tu auras vécu
il aura vécu
nous aurons vécu
vous aurez vécu
ils auront vécu

conditional perfect
j'aurais vécu
tu aurais vécu
il aurait vécu
nous aurions vécu
vous auriez vécu
ils auraient vécu

past anterior
j'eus vécu
tu eus vécu
il eut vécu
nous eûmes vécu
vous eûtes vécu
ils eurent vécu

imperfect subjunctive
je vécusse
tu vécusses
il vécût
nous vécussions
vous vécussiez
ils vécussent

perfect subjunctive
j'aie vécu
tu aies vécu
il ait vécu
nous ayons vécu
vous ayez vécu
ils aient vécu

pluperfect subjunctive
j'eusse vécu
tu eusses vécu
il eût vécu
nous eussions vécu
vous eussiez vécu
ils eussent vécu

74 voir, *to see*

perfect infinitive	avoir vu	
present participle	voyant	*imperative* vois
past participle	vu	voyons
perfect participle	ayant vu	voyez

present
je vois
tu vois
il voit
nous voyons
vous voyez
ils voient

perfect
j'ai vu
tu as vu
il a vu
nous avons vu
vous avez vu
ils ont vu

imperfect
je voyais
tu voyais
il voyait
nous voyions
vous voyiez
ils voyaient

pluperfect
j'avais vu
tu avais vu
il avait vu
nous avions vu
vous aviez vu
ils avaient vu

future
je verrai
tu verras
il verra
nous verrons
vous verrez
ils verront

past historic
je vis
tu vis
il vit
nous vîmes
vous vîtes
ils virent

conditional
je verrais
tu verrais
il verrait
nous verrions
vous verriez
ils verraient

present subjunctive
je voie
tu voies
il voie
nous voyions
vous voyiez
ils voient

future perfect
j'aurai vu
tu auras vu
il aura vu
nous aurons vu
vous aurez vu
ils auront vu

imperfect subjunctive
je visse
tu visses
il vît
nous vissions
vous vissiez
ils vissent

conditional perfect
j'aurais vu
tu aurais vu
il aurait vu
nous aurions vu
vous auriez vu
ils auraient vu

perfect subjunctive
j'aie vu
tu aies vu
il ait vu
nous ayons vu
vous ayez vu
ils aient vu

past anterior
j'eus vu
tu eus vu
il eut vu
nous eûmes vu
vous eûtes vu
ils eurent vu

pluperfect subjunctive
j'eusse vu
tu eusses vu
il eût vu
nous eussions vu
vous eussiez vu
ils eussent vu

- Verbs similarly conjugated, but with some changes:

  prévoir, *to foresee*

  Future: **je prévoirai,** etc.; conditional: **je prévoirais,** etc.

  pourvoir, *to provide*

  Future: **je pourvoirai,** etc.; conditional: **je pourvoirais,** etc.; past historic: **je pourvus,** etc., imperfect subjunctive: **je pourvusse,** etc.

  dépourvoir, *to deprive*

  Used only in infinitive, past participle (**dépourvu**), and compound tenses.

75 vouloir, *to want*

perfect infinitive	avoir voulu		
present participle	voulant	*imperative*	veuille
past participle	voulu		veuillez
perfect participle	ayant voulu		

present
je veux
tu veux
il veut
nous voulons
vous voulez
ils veulent

perfect
j'ai voulu
tu as voulu
il a voulu
nous avons voulu
vous avez voulu
ils ont voulu

imperfect
je voulais
tu voulais
il voulait
nous voulions
vous vouliez
ils voulaient

pluperfect
j'avais voulu
tu avais voulu
il avait voulu
nous avions voulu
vous aviez voulu
ils avaient voulu

future
je voudrai
tu voudras
il voudra
nous voudrons
vous voudrez
ils voudront

past historic
je voulus
tu voulus
il voulut
nous voulûmes
vous voulûtes
ils voulurent

conditional
je voudrais
tu voudrais
il voudrait
nous voudrions
vous voudriez
ils voudraient

present subjunctive
je veuille
tu veuilles
il veuille
nous voulions
vous vouliez
ils veuillent

future perfect
j'aurai voulu
tu auras voulu
il aura voulu
nous aurons voulu
vous aurez voulu
ils auront voulu

imperfect subjunctive
je voulusse
tu voulusses
il voulût
nous voulussions
vous voulussiez
ils voulussent

conditional perfect
j'aurais voulu
tu aurais voulu
il aurait voulu
nous aurions voulu
vous auriez voulu
ils auraient voulu

perfect subjunctive
j'aie voulu
tu aies voulu
il ait voulu
nous ayons voulu
vous ayez voulu
ils aient voulu

past anterior
j'eus voulu
tu eus voulu
il eut voulu
nous eûmes voulu
vous eûtes voulu
ils eurent voulu

pluperfect subjunctive
j'eusse voulu
tu eusses voulu
il eût voulu
nous eussions voulu
vous eussiez voulu
ils eussent voulu

- The imperative forms **veuille**, **veuillez** (the **nous** form no longer exists) are only used in polite commands (= *would you kindly . . .*).

  The construction **en vouloir à** (*to be cross with*) commonly has the regularly formed imperatives: **veux, voulons, voulez: ne m'en voulez pas de vous le dire**, *don't be cross with me for telling you.*